一线名师示范实践

新课标

小学美术

丛书主编　刘大伟　张爱平

张　屹　张　静◎主编

南京出版传媒集团
南京出版社

图书在版编目（CIP）数据

一线名师示范实践. 小学美术 / 张屹, 张静主编
. -- 南京 : 南京出版社, 2024.3
ISBN 978-7-5533-4492-8

Ⅰ. ①一… Ⅱ. ①张… ②张… Ⅲ. ①美术课－教学研究－小学 Ⅳ. ①G623

中国国家版本馆CIP数据核字（2024）第004625号

丛 书 名：一线名师示范实践
丛书顾问：周洪宇
丛书主编：刘大伟　张爱平
书　　名：小学美术
主　　编：张屹　张静
出版发行：南京出版传媒集团
南 京 出 版 社

社址：南京市太平门街53号　　　邮编：210016
网址：http://www.njcbs.cn　　　电子信箱：njcbs1988@163.com
联系电话：025-83283893、83283864（营销）　025-83112257（编务）

出 版 人：项晓宁
出 品 人：卢海鸣
责任编辑：王绪绪
装帧设计：王　俊
责任印制：杨福彬

排　　版：南京新华丰制版有限公司
印　　刷：南京玉河印刷厂
开　　本：787 毫米 × 1092 毫米　1/16
印　　张：12.25
字　　数：169千
版　　次：2024年3月第 1 版
印　　次：2024年3月第 1 次印刷
书　　号：ISBN 978-7-5533-4492-8
定　　价：60.00 元

用微信或京东APP扫码购书

用淘宝APP扫码购书

本书编委会

主　　编 张　屹　张　静

编写人员（排名不分先后）

张　屹　张　静　朱　茜　张扬扬　赵晓萌　秦　怡

郭艾青　王伟杰　马　锐　王　婷　高　涵　赵　洁

王韵茹　姚　雪　赵秋菊　徐国欢　夏　云　陶雅萍

丁　钰　李玉亮　吴晔文　张　娇　潘秀秀　崔　蕾

余瑶瑶　程雨晴　祁婷婷　周海燕　卞正馨　徐　梦

朱晓玲　高　贤　王亚楠　周　羽　董梦妍　肖雪娇

笪彦祺

不忘本来　吸收外来　面向未来

南京作为六朝古都，历史悠久，底蕴深厚，自古以来就是东南一带的政治、经济、文化中心。南北朝时期，宋文帝首开中国古代教育分科先河，在南京开设儒学馆、史学馆、文学馆和玄学馆，以分科的形式传经授道；梁代的五经博士以考试选拔人才，为隋唐科举制的实施奠定了基础。南京教育在明代更是达到了一个巅峰，不仅全国最高学府国子监设立于鸡鸣山下，且乡试、会试考场也设置于秦淮河畔的夫子庙，“天下文枢”也因此而闻名宇内。与官学相颉颃，私学在南京也有着悠久的传统，宋代的明道书院，明代的江干书院、新泉书院、崇正书院，清代的钟山书院、惜阴书院等，为学术思想的传承、学术流派的形成打下了扎实的基础。

民国以来，南京成为中西方教育思想汇聚的交融地，一大批本土教育家和海归教育家以南京为基点，加入了绘制中国近现代教育改革的蓝图大业中。张謇、沈恩孚、江谦、袁希涛、黄炎培、郭秉文、陶行知、陈鹤琴、邰爽秋、吴贻芳、俞子夷等一批学贯中西的教育家致力于南京教育的改革与发展，“生活教育”“活教育”等教育思想在南京萌芽、丰富与完善，铸就了传承至今的晓庄学院、鼓楼幼儿园等一批教育实践的典型代表。这些源于南京的教育思想与实践以中国基本国情为基础，对西方教育思想与实践进行了创造性转换与创新性发展，走出了一条独具中国特色的教育改革发展之路，一改民初“仪型他国”的社会风气，也为随后很长一段时间的中国教育改革与发展指明了方向。如果说，北京是近现代中国思想变革的策源地，那么南京一定是近现代中国教育思想变革的策源地，也是中国式教育现代化的起源地。

“敢探未发明的新理，敢入未开化的边疆”，这是我对南京教育的一个直观看法。这既有陶行知、陈鹤琴等教育先辈们对我的影响，也有我与南京教育人交往后的感触。早在1982年，我因为编撰《陶行知全集》，就多次来到南京市晓庄师范学校、南京大学、南京图书馆查找资料，认识了一批南京教育界的朋友。近年来，由于工作的关系，我常常有机会参加南京的基础教育活动，也因此与百军局长、张生书记结下了深厚的友谊，对新时代以来南京教育的高质量发展有了深厚的感悟。在学前教育普惠优质发展方面，南京普惠性幼儿园覆盖率达89%，优质园覆盖率达92%，率先全市域创成“江苏省学前教育改革发展示范区”；在义务教育优质均衡发展方面，南京义务教育优质资源覆盖率达98.6%，学校标准化率保持在100%，率先全市域通过“全国义务教育发展基本均衡县（市、区）”评估；在高中教育多样特色发展方面，南京整体规划和建设学术型、特色型、综合型普通高中，实施高中布局优化行动计划，全市达省定三星级以上的公办普通高中比例达95.5%；在特殊教育融合优质发展方面，南京建立了特殊教育工作联席会议制度，建立起从学前教育到高等教育全纳性的现代特殊教育体系，实现了全市所有街（镇）学前、义务教育阶段学校融合教育资源中心全覆盖。

南京教育能够取得如此优异的成绩，既有教育行政部门在方向上的正确指引，也有每一位普通南京教育人在岗位上的默默付出，因而我们既要关注教育宏观问题，也要关注微观上每一位教师、每一件事、每一个孩子。2022年1月，我的学生大伟从南京晓庄学院调任南京市教育科学研究所主持日常工作，我建议他既要在宏观上发挥市教科所作为教育智库的功用，也要关注到学校的内涵发展，更要关注到每一位教师的专业发展，因为教师的发展是学校发展的基础，只有教师发展好了，学校才能发展，而最终指向的必然是孩子的发展。因此我提议他能否整理出版一套“南京教育文库”，通过文库工作推动一批专家型教师梳理提炼教学主张、教育理念和学术思想，以时代为观照，立足南京教育实际，解决中国教育问题，推进南京教科研在知识创新、理论创新和方法创新上不断传承与发展。大伟很快邀请了南京一批名特优教师参与“南京教育文库”的编写工作，并规划了持续长达8—10年的发展计划，其中包括了写作指导、出版、评奖、宣传等全方位的保障体系建设。这一宏大体系建设还得到了顾明远先生的肯定与点赞，并欣然赐予墨宝“南京教育文库”六字。

“南京教育文库”的提出与推进，对于基础教育界具有非同寻常的意义，具体我认为有以下几点价值：

第一，独特性。毋庸置疑，每一个城市的教育发展都有独到之处和自身特点，但南京的教育发展与其他城市相比，其特点更加明显、风格更加独特。在江苏提出率先实现教育现代化的进程中，南京确立了“加快建设现代化教育强市、以高质量教育支撑高质量发展”这一战略目标，更加自觉地坚持教育优先发展、科学发展、创新发展。南京教育的主要发展指标已达到或超过OECD（经济合作与发展组织）发达国家和地区的平均水平，教育现代化水平连续六年获江苏省第一，在省对设区市政府履行教育职责考评中连续三年位居江苏省前列。可以说，南京教育在江苏省甚至全国都具有标杆性的独特作用。而如何将这种独特价值展现出来，“南京教育文库”的编撰正好起到了这一作用。这套丛书通过挖掘梳理南京教育的内涵，将南京教育的独特做法与经验理论化和系统化，既是对南京教育光辉历史过往的追溯与总结，也是对南京教育未来的期待与展望，更是可以成为中国教育改革与发展的地方样本。

第二，人本性。人的发展是教育的出发点和归宿，人的活动是教育的核心和关键，这是我近些年来提出的教育活动史的一个重要观点。教师是教育发展中的人，我们各级教育行政部门应该给予他们更多的关注与关心，特别对于一批具有典型性和代表性的教师，我们应该提供各种条件帮助他们总结、凝练、宣传、推广他们的教育理论与实践。就我所知，目前国内还尚未有类似的丛书出版。南京市教科所率全国之先，关注教育活动中的人，为教师的研究提供物质保障和学术指导，帮助他们在研究中发展，在实践中成熟，在推广中完善，可谓真正地将教师置于教育活动的中心地位，实现了以人为本的目的。

第三，开放性。对于这套丛书的设计与出版，我跟大伟提议，除了考虑名特优教师的教育思想总结与凝练外，还要在未来考虑对青年教师的支持，特别是要支持一批“学带”“优青”等具有基础的青年教师。南京教育近年来提出了如“宁教杰青”等一系列教师培育计划，我想我们的工作在未来还要吸收这样的教师参加“南京教育文库”的编写工作，加快对青年教师的培养速度。在学段上，我建议他要综合考虑各学段人员的配置，中学、小学、幼儿园各学段教师都要涉及，还要考虑在教师发展中心、教研室、教科所等单位工作的人员，更要考虑在学校管理岗位有丰富经验的教育管理者，这样就可以让我们这项工作更加开放、更加多元。

第四，持续性。南京教育的发展历史是一个整体，我们要做到不忘本来，吸收外来，面向未来，既要思考南京教育从哪里来，也要想好往哪里去，更要做好走向的持续性。因而对于这套丛书我还是有一个期待的，期待这套丛书能够持久地做下去，做成制度，做成系列，做成品牌，让更多的教师参与其中，享受到教育改革发展的红利，并在这项工作中得到发展、得到进步。我还希望将来“南京教育文库”能够借鉴“教育智库与教育治理50人圆桌论坛”的思路，形成一支队伍、一项制度、一套丛书、一个论坛、一个品牌的“五个一”发展思路，为南京教育的高质量发展注入持续不断的动力。当然，我也知道为了这套丛书的出版，大伟费尽了心思，他跟我说他要以陶行知办学的事迹为榜样，四处化缘筹措出版经费，找寻出版社确保进度，策划高级别平台宣传，以及筹划、参与各级各类评奖。我希望他能够保持这种工作激情的持续性，将这项工作一直做下去，实现陶公所说的“为一大事来，做一大事去”的理想目标。

合抱之木，生于毫末；九层之台，起于累土；千里之行，始于足下。“南京教育文库”的出版在不久的将来必然会成为中国教育界重要的一棵“合抱之木”、一座“九层之台”。我也衷心希望参与到文库编写工作的同志们千里之行，永不停歇！

是为序。

周洪宇

2022 年 11 月 22 日

于武昌东湖

（作序者系第十三届全国人大常委会委员、湖北省人大常委会副主任，中国教育学会副会长、中国教育发展战略学会副会长、长江教育研究院院长、华中师范大学国家教育治理研究院院长，博士生导师）

目 录

前言

从2011年开始，我国进行了义务教育阶段各门课程的标准制定工作，将之前较为宽泛的《义务教育课程设置实验方案》改为较为细致的课程标准，开启了教学改革的新篇章。《义务教育课程方案和课程标准（2022年版）》有了进一步的发展和提升。就小学美术来说，《义务教育艺术课程标准（2022年版）》将美术与音乐合为艺术课程，制定了更为详细的标准体系，进一步强化了课程育人导向、优化了课程内容结构、研制了学业质量标准、增强了指导性、加强了学段衔接，以音乐、美术为主线，融入舞蹈、戏剧、影视等内容，既照顾到传统的美术课程知识，又融入新媒体等新形式，并加强了艺术课程之间、各学科之间和社会生活之间的联系。《义务教育艺术课程标准（2022年版）》聚焦中国学生发展的核心素养，致力于培养学生适应未来发展的正确价值观、必备品格和关键能力，引导学生明确人生发展方向，成长为德智体美劳全面发展的社会主义建设者和接班人。

在《义务教育艺术课程标准（2022年版）》颁布一周年之际，广大一线教师对新课标执行得怎么样，有哪些收获，又有哪些困惑，是教育界普遍关心的问题。落实新课标的关键人物是一线教师，关键地点是日常课堂，关键内容是每节课的案例。只有教师的教育观念和教育方法以新课标为准绳，才有可能落实新课标；只有课堂教学以新课程内容和评价为标准，才能较好地落实新课标；只有对每节课的教学案例进行整理和反思，才能更好地实践新课标。《义务教育艺术课程标准（2022年版）》颁布以来，美术教师们在研学新课标、实践新课标的征程上不断前行，美术骨干教师团队在践行艺术新课标之路上收获颇丰，借本次丛书编撰的机会，在丛书主编刘大伟博士和江苏省特级教师张爱平老师的指导下，大家有幸共研新课标，共探新思考，共撰新案例，共话新反思，形成这本《小学美术》。本书整理了一批美术骨干教师一年来的新课标教学案例和实践反思，以期对广大一线美术教师在认识新课标、实践新课标方面有所帮助。这本书的编写者都是来自一线的小学美术骨干教师，他们有多年的教学经验并热衷于小学美术教育事业。本书由江苏省美术特级教师、教育部“国培计划”专家库成员张屹老师和南京市美术学科带头人、江苏省“333高层次人才培养工程”第三层次培养对象张静老师策划并任主编，邀请了三十余位一线美术骨干教师参与编写，编写时力求突出以下几个方面。

首先，以《义务教育艺术课程标准（2022年版）》为基础，遴选课程内容、探索实践规律和撰写实践反思，从案例陈述和实践反思两个层面进行表述，形成符合新课标的教学思路和策略，为一线教师落实新课标提供参考案例。

其次，选择了部分关于小学美术的基础研究方向，并与《初中美术》的研究互为补充，形成体系。针对小学美术教学面临的主要问题，本书选择了践行以美育人、实施文化理解、提升造型和设计能力、弘扬传统工艺、实现学科融合、丰富生活体验六个方面的实践研究内容。这六个方面是递进的逻辑关系，确定以美育人的实践目标，在美术教育中更加重视实施文化理解，同时注重提升学生的造型和设计能力，引导学生学习、传承和弘扬传统工艺，在美术教学中注重艺术学科内部和各个学科之间的广泛融合，同时注重生活艺术教育，丰富学生的生活体验，做到“学中做”“做中学”，从生活中发掘美术元素，再到生活中去运用和检验美术知识、技能。正如伟大的人民教育家陶行知先生所倡导的：自然美术固可贵，人生美术更可贵，自然化的人生美术，人生化的自然美术尤其可贵。陶行知注重打通自然美术和人生美术，这与他的生活教育学说是一以贯之的，他希望通过“真善美合一”的美育来“创造幸福的新中国，新世界”。

再次，每一章从多个维度阐述本章的内容，既考虑了学段的层次，也考虑了知识的广度，同时兼顾到不同的学习领域之间的区别，以期给读者多方面、多视角的参考。每一章有作者的教学反思，也有总的本章实践反思，以达到多方位研讨本章研究内容的目的。

再次，本书力求抓住《义务教育艺术课程标准（2022年版）》的核心，在真实情境下进行实践、概括、检验，以主题为纲，重点解决在小学美术教学中如何全面落实课程标准中的新要求的问题。

最后，本书适用于广大一线美术教师，也适用于师范院校的美术师范类学生。

本书的编写过程既是各位老师教育教学与实践反思的过程，又是不断学习和研究新课标的过程，书中大部分观点和内容出自各位老师的教学实践。其中，第一章由张静、张扬扬、赵晓萌、秦怡、郭艾青、朱茜、王伟杰七位老师完成，第二章由张屹、马锐、王婷、高涵、赵洁、王韵茹六位老师完成，第三章由赵秋菊、徐国欢、夏云、陶雅萍、丁钰、姚雪六位老师完成，第四章由李玉亮、吴晔文、张娇、潘秀秀、崔蕾、余瑶瑶六位老师完成，第五章由祁婷婷、程雨晴、周海燕、卞正馨、徐梦、朱晓玲六位老师完成，第六章由高贤、王亚楠、周羽、董梦妍、肖雪娇、笪彦祺六位老师完成。张屹老师和张静老师负责全书的统稿和校对工作。本书的编写参考了大量相关研究者的著作、论文，在此向这些作者表示由衷的感谢。

本书的编写得到了南京市教育科学研究所刘大伟所长、张爱平副所长以及洪超主任，南京晓庄学院美术学院张建军院长、张志雁老师以及陶行知研究院陆红主任，南京市教学研究室美术教研员祖金明老师和徐健老师，南京市江宁区教育科学研究室汪圣龙主任，南京市月华路小学夏翠莲校长和彭立文副校长，南京市栖霞区燕子矶中心小学教育集团刘春平校长等领导和专家的热情鼓励和倾力帮助。此外，本书作为“一线名师示范实践”丛书的一本，得到了中国陶行知研究会“生活·实践”专业委员会和南京市教育科学研究所的领导及专家的帮助，在此一并致谢！当然，由于编写时间仓促，本书不可避免地存在很多不足和瑕疵，敬请广大美术同仁指正，以便以后修订和完善。

张屹

2023年5月28日于古都南京

第一章 如何践行以美育人

《义务教育艺术课程标准（2022年版）》指出，艺术课程要以习近平新时代中国特色社会主义思想为指导，以落实核心素养为主线，引导学生积极参与各类艺术活动，感受美、欣赏美、表现美、创造美，丰富审美体验，学习和领会中华民族艺术精髓，增强中华民族自信心与自豪感，同时了解世界文化的多样性，开阔艺术视野，充分发挥艺术课程在培育学生审美和人文素养中的重要作用。由此可见，突出课程综合、带领学生参加相关艺术体验活动的最终目的是达成以美育人。

随着经济的发展，越来越多的外来文化充斥着学生的视野、影响着学生的审美。因此，在义务教育阶段，尤其是学生年龄尚小的小学时期，教师要通过对祖国优秀文化的欣赏、认知、实践活动，帮助学生形成正确的世界观、人生观、价值观，树立积极向上、追求善美的人生态度，让优秀传统艺术在学生的心灵中扎根，在扎根中传承，在传承中创新，为学生的长远发展服务，将为党育人、为国育才通过学科教学落到实处。

（执笔：张静）

一、体现践行以美育人要求案例 1（培养爱国精神——红色作品赏析教学案例）

小学美术课堂中以艺术鉴赏培养爱国精神的实践探索

案例背景

《义务教育艺术课程标准（2022 年版）》指出，感受和理解我国深厚的文化底蕴和党的百年奋斗重大成就，传承和弘扬中华优秀传统文化、革命文化、社会主义先进文化，坚定文化自信，铸牢中华民族共同体意识，是义务教育艺术课程的总目标之一。中共中央、国务院于 2019 年 11 月印发的《新时代爱国主义教育实施纲要》提出，爱国主义是中华民族的民族心、民族魂，是中华民族最重要的精神财富，是中国人民和中华民族维护民族独立和民族尊严的强大精神动力。因此，中小学美术教育明确了新课程中文化教育的内涵，文化教育对青少年树立正确的世界观和人生观、培育学生健康向上的人格品质具有重要意义。本案例结合人民英雄纪念碑浮雕与小学美术五年级下册第五课《柱状雕刻》，简单介绍如何在美术教学中进行爱国主义教育。

案例描述

一个由红色之旅引发的疑惑

在学校组织的参观十月军校的社会实践活动中，我带领学生们参观各个展厅，通过展板上的文字向同学们介绍中国革命的发展历程，旨在通过讲解，呼唤学生们吃水不忘挖井人，牢记革命先烈不畏艰难、敢于牺牲的大无畏精神，培养学生们忧国忧民、挑战自我、奉献社会的信念。

在讲解过程中，我发现学生们学习的热情不高，大多数学生对这一活动的参与感较低，他们有的在窃窃私语，有的心不在焉，有的睡眼惺忪。对于这一情况，我内心疑惑：在如此肃穆的地方接受爱国主义教育，学生理应带着敬畏之情认真听讲、主动思考、积极提问才对，怎么这群学生这么不积极呢？考虑到小学生本身的专注时间就不长，更何况是通过枯燥的文字讲解让学生们了解历史，这种情况下，想让学生积极参与实属不易。

活动结束后，我很疑惑，究竟是学生对红色文化的理解度和认同感低导致其对红色文化兴致不高，还是实践活动中口述的介绍方式过于单一，无法吸引学生们的注意呢？为了弄清楚这个问题，我在教材中锁定了五年级下册《柱状雕刻》一课，并在拓展环节中改变教学策略，添加了部分爱国主义相关的教学内容。

一张启发思考的课前学习单

在给五年级的学生讲解《柱状雕刻》的时候，我先向学生们展示了中国古代精美的柱状雕刻作品，例如玉琮、玉管、青铜柱饰等，学生们在赞美柱状雕刻作品纹样细腻、图案繁复、工艺精致的同时，也为中国古代匠人们巧夺天工的手艺而赞叹。

课堂气氛调动起来之后，我向同学们提问："生活中还有什么地方能够见到柱状浮雕呢？"同学们纷纷举手回答生活中的例子：游乐园门口的玩具装饰柱、银行门口的立柱、祠堂中的蟠龙柱……

按照在美术课堂中融合爱国主义教学的设想，我出示了人民英雄纪念碑的图片，并向同学们讲解：位于天安门广场的人民英雄纪念碑是中国历史上最大的柱状浮雕纪念碑。同学们听后纷纷表示自己去过天安门。当我提出，有谁知道人民英雄纪念碑底座上的浮雕内容时，大家都沉默了。学生们表示，自己虽然参观过人民英雄纪念碑，但从未认真看过上面雕刻的内容。于是我在《柱状雕刻》一课的结尾，向同学们抛出课后问题并发放提前设计好的学习任务单，要求学生四到五人为一组，利用课余时间自行查阅人民英雄纪念碑下层大须弥座束腰部镶嵌的汉白玉浮雕的具体内容，并在下一节课向同学们介绍。

一场畅所欲言的分享会

在第二节课上，我邀请各小组的代表依次到讲台前，向同学们介绍课前搜集的浮雕作品的内容。

第一组的代表向大家展示的是《人民英雄纪念碑浮雕·金田起义》。在这幅浮雕的上方，一面旗帜在空中迎风飘扬，旗帜下，一群英勇无畏的起义英雄正从山坡上冲下来，他们有的手持大刀、锄头，有的身扛土炮，正要进行一场声势浩大的起义。金田起义具有反封建与反侵略的双重意义，加速了清王朝和整个封建制度的衰落与崩溃，同时打破了西方侵略者把中国迅速殖民地化的企图。

第二组的代表介绍的是《人民英雄纪念碑浮雕·武昌起义》。画面再现的是 1911 年 10 月 10 日革命武装军队攻克总督府的历史性时刻。作为辛亥革命的开端，武昌起义敲响了清王朝封建统治的丧钟，推动了封建帝制的灭亡。

第三组介绍的是《人民英雄纪念碑浮雕·南昌起义》，这幅浮雕作品表现的是一位年轻的指挥员挥手向战士们宣布起义的场面。南昌起义打响了武装反抗国民党反动派的第一枪，揭开了中国共产党独立领导武装斗争和创建革命军队的序幕。

由于时间关系，我在后面两组代表介绍完《人民英雄纪念碑浮雕·五四运动》《人民英雄纪念碑浮雕·胜利渡长江》主题浮雕后，结束了本节课的课前分享环节。通过课前的自主学习以及同学之间的内容分享，学生们对人民英雄纪念碑浮雕的画面内容及发生背景有了大致的了解。接着，我向同学们展示了一些更为精细的图片，引导学生们从构图、内容、技法等方面进行欣赏。

随即，我向同学们提问：在和平年代，我们的艺术作品总是以美观为第一要义，艺术家们为什么要在天安门广场前的人民英雄纪念碑底座上雕刻这些历史主题的浮雕呢?

当学生们带着问题再次走近这些内容丰富的作品时，我以《人民英雄纪念碑浮雕·虎门销烟》为例，为同学们进行具体讲解。

首先，直观感知作品的特点。

我要求学生仔细观赏浮雕作品，讨论、交流这幅浮雕刻画了什么内容。

生1：这幅作品描绘了一群劳动人民在林则徐的带领下，把一箱箱毒害中国人民的鸦片运到海边，之后把鸦片全部倒进石灰坑里销毁的场景。

生2：作品还刻画了从石灰池内升起的滚滚浓烟，附近站着很多围观群众，远处有许多炮台和战船。

我随即提问：猜猜看，为什么要准备那么多炮台和战船呢?

这个问题引起了学生们的好奇，他们的学习兴趣逐渐高涨起来，迫切地想弄清楚历史背景。

其次，深入了解事件的历史背景。

在同学们各抒己见之后，我用多媒体设备给学生们播放了虎门销烟的相关视频，向学生们讲述了当时的人们为什么会这样义愤填膺。当时林则徐上书道光皇帝，指出鸦片使中国白银大量外流、削弱了军队的战斗力以及危害了人民的身体健康。虎门销烟在一定程度上遏制了鸦片在中国的泛滥。作品讲解完，学生们对这段历史有了更深的理解。

最后，牢记历史，形成爱国主义的集体记忆。

赏析完《人民英雄纪念碑浮雕·虎门销烟》这幅作品，我引导学生们思考：我们现在过着和平与安定的生活，能坐在教室里专心学习，但在战争年代，我们的先辈为了反抗外来侵略者抛头颅、洒热血，我们应该懂得和平、安定、幸福的生活来之不易，当代小学生更应当好好学习、牢记历史、向先辈们致敬。

人民英雄纪念碑浮雕在中国雕塑史上的价值是用“自身”书写历史，它所展现的内容与整个国家的历史息息相关，它所承载的是一种国家意志与民族精神。同时，这种对战争年代现实的再现，希冀唤醒的是人民的爱国主义和民族认同感的集体记忆。

到了本节课的作业环节，我问同学们对柱状雕刻的认知是否更进一步，同学们表示，原来柱状雕刻不仅可以对柱身结构进行设计，还可以丰富柱子的底座部分，另外在内容的选择和设计上，还可以和红色文化相结合。最后，我再次组织学生按小组分工，运用上一节课学习的制作浮雕的步骤进行设计和实践，先结合历史事迹设计图纸，再用陶泥、卡纸塑造他们崇敬的英雄形象或历史场景。这种作业形式不仅培养了学生们的创造力，还提升了他们的动手能力，让学生们在实践中体悟到优秀传统文化的魅力，在欣赏美、理解美、体验美、创造美中受到优秀传统文化的熏陶，并在潜移默化中受到爱国主义教育，产生民族自豪感和爱国情怀。

案例反思

在本堂课中，学生们对人民英雄纪念碑浮雕的热烈讨论也解答了我在开头提出的疑问，即学生们并不是对红色文化不感兴趣，而是由于年龄差异和认知局限，单一的传播模式无法吸引他们的注意力。因此，在教学过程中，教师需要结合教材内容，将爱国主义和红色文化融入日常的美术教学中，为学生构筑红色文化的集体记忆。

美术是在视觉上给人美感的艺术，小学美术老师在课堂上展示艺术作品时，要多从视觉形象角度引导学生进行欣赏。教师还应将艺术与现实生活相结合，剖析作品的创作背景，激发学生的学习兴趣，充分调动学生的主观能动性。课堂学习和教师引导能够让学生主动探索艺术、提升审美能力、增强民族自豪感。

（执笔：朱茜）

二、体现践行以美育人要求案例2（坚定理想信念——飞行器设计教学案例）

扬信念之风，助飞机启航

案例背景

浓厚的艺术色彩使得美术教学看起来非常浪漫和随性，然而美术教学也要遵循教学规律，依据教学目标开展教学设计。美术教学，重要的不仅是“术”，更是“道”，只有坚持美育理念，在以美育人的同时重视对学生理想信念的培养，方能够最大化地发挥美术教学的价值和作用，帮助学生在提高审美能力、提升审美素养的同时坚定理想信念，促使美术教学发挥深远而积极的影响。

小学阶段的学生活泼好动，充满想象力，好奇心和求知欲旺盛，对于未知的事物有着无穷无尽的兴趣和热情。三年级的学生思维活跃，已经接触过美术教学，具备一定的审美素养和审美能力，在美术课堂上常常表现出独属于这个年龄的天真与智慧。如今，随着科学技术的不断发展进步与广泛普及，独具科技之美的现代科技产品也成为美术课堂的教学素材，飞机便是其中之一。飞机融科技之美与想象之美于一炉，将实用特征与美学色彩有机结合，对小学生而言有着莫大的吸引力。也正因此，在《飞机》这节课的教学中，学生们和飞机之间碰撞出了精彩的火花。越是深入地了解飞机，孩子们对飞机之美的体会就越深，对飞机的兴趣也越浓，创作灵感越加丰富，创作热情越发高涨。

案例描述

飞机是众多交通工具中的一种，给人们的生活带来了许多便利。飞机总是高高地翱翔在蓝天之上，翻涌起洁白的云浪。饱含科技之美又给人以无穷想象空间的飞机引起了学生极大的兴趣。在对飞机的特征有了初步认识之后，教师抛砖引玉，以示范的形式引导学生尝试进行“飞机”的创作。

“同学们，大家想不想试着设计一架来自未来的飞机呢？”当我提出这个问题的时候，学生们的反响十分热烈。在领略过各式各样的飞机的风采之后，学生们不仅积累了丰富的素材，心中也充满了创作热情。

“老师，我觉得自己画得不好，我画的可能没有刚刚图片上的飞机漂亮。”说话的是内向的小张，他担心自己的创作不如此前教学中展示的飞机美丽，缺少一些尝试的勇气。小李同学也举起了手：“老师，我想设计一架特别酷炫的飞机，但是不知道要怎么画。”其他同学也提出了相似的问题。

面对孩子们的担忧和疑惑，我说：“大家不用担心自己的飞机不够漂亮、不够特别，我们每一位同学都可以尽情地发挥自己的想象，在创作时注入自己的个性色彩，比如选用自己喜欢的颜色、画出自己喜欢的造型，只要这架飞机融入了同学们的心血，它就是最漂亮、最独一无二的飞机。当然，作品也要贴合我们的主题，大家的飞机越新颖奇特越好，不用担心，放手去画吧！”

“不过，小李的问题也很好，说起设计飞机，同学们是不是有一点手足无措，不知从何下手呢？”“是的！”“我也是！老师给我们示范一下吧！”“这是当然。来，同学们，请注意看！”我将设计飞机拆解成几个相对简单的步骤。首先进行构思，在脑海中想象一架属于自己的飞机，它可以和现实生活中我们接触到的飞机相似，也可以和我们知道的飞机一点都不像，还可以进行个性化的想象。之后根据想象画出大致的轮廓，接着进行细节的补充和完善，最后处理背景、整理画面。这样，一幅饱含想象力与个性风采的飞机设计图便完成了。

经过我的示范和讲解，孩子们的心中也有了想法，他们纷纷动起笔来。学生们的创作基本完成之后，我鼓励大家分享自己的画作，谈一谈自己的创作灵感和想法，相互交流。

性格活泼的小王率先站起来向大家分享自己的画作：“我设计的飞机是椭圆形的，长得像飞碟。我们生活中见到的飞机都是尖尖的头，我觉得圆圆的飞机也很好看，而且特别像外星人开的飞机，很有未来的感觉。我还在背景里画了好多外星人，未来他们就可以坐飞机来地球和我们玩了。”

小赵也分享了自己的画：“我画的飞机是三角形的，因为尖尖的头可以减小阻力，所以它可以飞得很快，比现在的飞机要快很多！”

小杨同学指着自己的画说：“我画的飞机和神话里的魔毯一样，扁扁的，但是坐上去很舒服，里面什么都有。”他又指着画中的小人，语气自豪地向大家介绍：“这个是我！我以后要开飞机！”

小杨的神情坚定，眼神里流露出向往和憧憬。我心中一动，这不正是落实美育理念的绝佳机会吗？我问：“哇，好厉害！小杨，你知道怎样才能成为一名飞行员吗？”他摇了摇头，我告诉他，飞行员不仅需要健康的体魄，还需要聪明的头脑，最重要的是要有坚定的信念和持之以恒的毅力。借此机会，我向学生介绍了“中国航空之父”冯如的故事，今天我们享受到的既便利又酷炫的飞机正是前辈们精益求精、不懈追求的结果，冯如为了我国的航空事业奉献一生，我们想要比先辈做得更好，也应当付出更多的汗水、要有更坚定的意志，将来为我国的航空事业添砖加瓦。小杨露出若有所思的样子，他点头道：“原来是这样！那我要好好读书，好好吃饭，以后当一名飞行员！”他的话说得十分认真，我不由地竖起了大拇指：“真棒！加油！期待你将来飞上蓝天的那一刻！”其他同学也被他感染，纷纷鼓起掌来。

分享和交流还在继续，在对未来的想象和学生的热烈讨论中，这节美术课结束了。孩子们意犹未尽，直到下课还在热情交流，向伙伴们介绍自己的画作。

案例反思

首先，强化信念引导，优化教学设计。

在本节课的教学中，教师对理想信念的培育和引导稍显欠缺。教师在教学过程中将飞机创作的主题设定为“未来”，更侧重于培养学生的创新思维、审美素养，激发学生对科学技术的热情。课堂教学也基本达到了预期的效果，激发了学生的想象力。然而，“未来”的主题局限导致在培育理想信念方面挖掘不够深入，这一点有待改善。在交流讨论环节，学生的积极反馈也为教师提供了新的教学灵感和思路，在后续教学中，教师可以对此加以改进和优化，尝试将创作飞机这一环节的主题与学生的人生理想和价值观念相结合，适当地扩大创作范围，不再将主题局限在“未来”这一层面，在力求新颖、突出想象力的同时鼓励学生彰显个性、融入自我，以此为契机鼓励学生树立理想、坚定信念，进一步深化以美育人的教学理念。所谓以美育人，“美”是工具、途径、方法，而“育人”才是目的，“人”才是教学的中心和根本，是教师开展教学活动、进行教学设计的出发点和落脚点。理想信念也同样应当根植于人的心灵和思想之中。因此，在后续教学中，教师可以在充分把握“人”这一中心的基础上，鼓励学生张扬个性、挥洒自我，并根据学生的反馈和表现进行引导，在美术教学中培育、强化学生的理想信念，帮助学生形成积极的价值观念和健全健康的人格，将美育的“育人”作用切实地发挥出来。当然，以美育人是一个相对宏大的概念，理想信念也有许多维度和层面，教师要根据具体的教学内容和教学主题进行落实，避免陷入生搬硬套或千篇一律的问题之中。

其次，凸显主体地位，优化课堂氛围。

在本节课的教学过程中，无论是起初的教师示范还是后续的学生自主创作环节、交流分享环节，都可以明显发现学生的主动性和积极性被很好地调动起来了，课堂氛围积极热烈，这一点充分说明了重视学生主体地位、给予学生充足自主空间的重要性。美术课堂相对来说比较轻松自在，这为教师发掘学生的主动性和积极性、帮助学生挥洒个性提供了很好的条件。在美术课堂上，教师可以增多与学生的交流互动，营造轻松、和谐、平等的课堂氛围，引导学生主动表达自己的想法，使美术课堂成为“学生的”，而非“教师的”，在师生的平等沟通交流之中推动课堂教学的开展。尤其是对于三年级的学生而言，教师给予学生充分的尊重和充足的发挥空间能有效地激发学生的想象力和创作热情，促使学生以更饱满的精神状态和更放松的学习心态面对美术课堂，充分彰显学生的个性，从而在热烈的课堂氛围之中实现理想的美育效果。

（执笔：张扬扬）

三、体现践行以美育人要求案例3（提升文化自信——中草药线描教学案例）

赓续文化基因　厚植文化自信

案例背景

文化自信是一个民族、一个国家以及一个政党对自身文化价值的充分肯定和积极践行，并对其文化的生命力持有的坚定信心。为积极响应增强文化自信的号召，教育领域进行了一系列探索与创新，提高了对传统文化的传承和发展的重视程度。《义务教育艺术课程标准（2022年版）》中多次强调要将中华优秀传统文化教育有机融入课程，让学生感受、学习、理解优秀的传统文化，从而丰富和提升学生的文化涵养。

中草药文化作为中华民族的瑰宝，包含着中华民族几千年的健康养生理念及实践经验，不仅对中华民族的繁衍生息做出了极大贡献，还推动了人类文明的进步。如何在美术教学中引入中草药文化，赓续文化基因，厚植文化自信，笔者在这一方面进行了一段时间的实践探索。

案例描述

“报废”的课

自学校确立建设中草药特色课程以来，我们组也积极投入课程建设中。今年的组内课展示要求融入中草药内容，综合考虑后，我决定以《本草纲目》为学习内容。课堂伊始，同学们通过欣赏《三七的故事》视频了解三七的药用价值，他们对三七表现出了浓厚的兴趣，但深入学习之后，学生的学习兴趣逐渐淡薄，最后的作业效果也可想而知。兴趣是最好的老师，我开始思考如何调动学生的学习兴趣。刚好学校的“百草园”中草药种植基地翻新，我迅速带着学生来到“百草园”进行实地观察写生，想以此为契机重新激发学生的学习兴趣，可是写生进行到一半时，部分学生就已经表现出不耐烦的情绪了，于是这节课又“报废”了。

连续“报废”两节课，我不得不开始找学生谈话。谈话后，我了解到，他们对中草药的认知还停留在“长相奇怪”“味道苦”“气味难闻”等方面，因而对中草药的学习缺乏耐心和热情。对此，我需要先打破学生对中草药的刻板印象，考虑到教学进度，我决定先结合教材，将教学内容中与中草药有联系又适合嵌入中草药知识的学习内容重新梳理整合，如教材中有关花卉、树木的内容整合为“本草纲目——植物篇”，有关动物、昆虫的内容整合为“本草纲目——动物篇”。通过欣赏美丽鲜艳的花卉、活泼可爱的昆虫，加之课堂上以“植物推介会”“动物科普园”的形式介绍相关内容，学生们对中草药千奇百怪的外表和丰富的医药功能表现出极大的兴趣！

“线”文化

有了之前的尝试，我更加笃定，想要学生深入了解中草药知识，不仅需要持续激发他们的学习兴趣，内容还要与他们的实际生活相联系，精挑细选后，植物染线工艺进入了我的视线。我拿出姜黄、洋葱皮、桑葚等中草药染料，以“草药变变变”的形式出示染好颜色的毛线，学生在感叹中草药的染色功能的同时，表示也想试一试，于是草木染线体验开始了。

学生分组进行染色体验，很快就染出了各种颜色的线，这些彩色的线用来干什么呢？我立刻想到端午习俗中的挂鸭蛋和系五色丝线，于是我迅速整理相关资料，带学生了解“线”文化及编织技艺，课后作业便是用自己染出的线编织鸭蛋络子和五彩绳。

当天晚上，我收到一位家长的信息，说孩子对植物染线和编织技艺产生了浓厚的兴趣，在家染了很多不用颜色的线，还像模像样地编了很多手链送给邻居。家长给我发来了制作照片，照片里孩子开心的笑容让我至今难忘，于是我设想在班级或者学校组织一场这样的实践活动，让学生实地操作，获得更丰富的体验。

在学校的支持下，端午假期的前一天，我们与临近的幼儿园共同组织了“巧手织彩绳　五彩迎端午”主题活动。活动通过讲故事、赏图片、诵古诗的方式，将端午节的起源和风俗习惯进行了详细的介绍，之后老师带领孩子们将自己染的线编织成鸭蛋络子和五彩绳送给幼儿园的同学，给同学们送去平安健康的祝福。同学们挂上鸭蛋络子、系上五彩绳，一个个脸上都笑开了花。

看着自己的礼物受到别人的喜爱，我们的学生也格外开心快乐。

传统文化以鲜活的方式展现在学生面前，我想这样的体验非常难得。这次活动不仅让学生对中草药文化有了更浓厚的兴趣，还让学生对中草药的价值有了进一步的认识。

“彩虹”新衣

通过之前的学习，同学们已经学会了染色。为了巩固学到的知识，让学生有更深入的体验，这节课我决定带着孩子们一起染布。不一会儿，五彩缤纷的布就呈现在大家眼前。染出来的布用来干什么呢？我结合教材中的服饰设计相关内容，带着孩子们通过裁剪、拼贴、缠绕等方法将染好的布料制作成一件件新衣，学生穿上新衣，感叹道："我穿上了'彩虹'新衣！"学生们的兴奋之情溢于言表。

穿好"彩虹"新衣，我安排学生在学校的文化长廊进行走秀表演。孩子们一开始有些紧张、害羞，在大家的掌声鼓励下，后面他们表现得越来越大方了。

走秀之后，我将"彩虹"新衣悬挂在校园的主题墙上，上学、放学、课间总有人驻足欣赏，小艺术家们也常常躲在一边笑嘻嘻地接受别人对他们的赞美。

成果展示不仅让学生收获了快乐，还提高了学生学习的兴趣，有助于学生获得文化知识、理解文化内涵、增强文化自信。

随着学习不断深入，孩子们对中草药由陌生到熟悉，对中草药越来越感兴趣。课间总有孩子与我分享他近期的"成果"，如草药的观察手册、立体盆栽、植物拓印等，更有甚者直接拉着我往"百草园"走去，希望能进去看看他写生的向日葵结籽了没有，种的菊花发生了什么样的变化……

案例反思

首先，整合教学内容，培养学生的传统文化意识。

课堂教学是教育改革的主阵地，教材是课堂教学的理论支撑，树立文化自信首先要考虑的是结合教材。在充分挖掘教材中的中华优秀传统文化内容、不减少原有教学内容和完成原有的教学目标的基础上，教师可以将与传统文化有一定联系的内容进行整合，调整教材内容，整合教学资源，结合学生实际，将传统文化知识嵌入教学中，对传统文化中蕴含的文化意蕴、艺术审美等进行探究，让学生在不知不觉中了解传统文化知识、感受传统文化魅力。

从上述案例来看，在学习植物和动物的相关内容时，教师可以将教材中有关植物和动物的内容进行梳理，整合教学内容，结合学生的实际情况，选择既贴近生活又能激发兴趣的学习主题。教师可以将植物学习安排在前，动物学习安排在后，分别以“本草纲目——植物篇”“本草纲目——动物篇”为主题进行探究式学习。引导学生认识植物和动物中的不同中草药，了解其外形特点和药用价值，这样的内容整合、主题设计不仅激发了学生主动参与学习的热情，还能够达成原定的教学目标，有效促进学生对美术核心内容的深度理解，拓宽学生探究问题的思维广度，助力学生高阶思维的发展，形成美术核心素养，更重要的是引导学生对主题知识的学习，帮助学生完成对主题文化的感知与理解、内化与迁移，丰富学生的文化知识，增强学生的情感体验，端正学生的文化态度，培养学生的文化意识，为学生树立文化自信奠定基础。

其次，开展实践活动，丰富传统文化体验。

孔子的“学而时习之”，王阳明的“知行合一”，杜威的“教育即生活”，以及陶行知的“生活即教育”“教学做合一”等观念，都揭示出教育的重要作用之一就是有目的、有计划地对受教育者施加影响，使其成长过程中的各种体验变得更加有意义。坚定文化自信不仅要依赖课堂教学，还应结合一些实践活动或主题活动，丰富学生的文化体验。实地体验各种文化活动，能使学生获得对不同文化的认知，从而增强对学习内容的理解和感悟。

链接生活，现实感受体验。生活是艺术创造的源泉。我们在实施传统文化浸润教学的过程中要结合生活实际，链接生活，增强现实感受体验。我国有优秀的传统节日文化，如春节、端午节、中秋节等。相较于其他传统文化的传承，这些传统节日文化能够实现更大程度的传承发扬，其最主要的优势在于传统节日的实践性较强，传统节日对应的传统文化与学生的实际生活联系紧密。因此，在开展传统节日文化的渗透引导时，教师可以积极借助传统节日文化的实践性，从学生的实际生活出发，让学生尝试在实践中亲自感受节日的气氛。当学生具备一定的节日实践经验后，学习传统文化会更轻松。

营造环境，实地浸润体验。校园环境是隐形的教育资源，它作为非正式学习的重要形式，能在潜移默化中激发学生主动学习的意愿，彰显隐性的育人价值，帮助学生高效获得传统文化知识。校园内可以开发传统文化区或主题墙，师生共同打造校园文化长廊，精心设计展品，区域内的素材可以是学生的作品。还可以设置班级优秀传统文化墙，将优秀传统文化从课本、古籍中引到教室墙面，拉近学生与传统文化的距离。学生以眼看、耳闻、手做的方式感知和“亲历”传统文化，尽享传统文化的魅力。

最后，展示学习成果，提高传统文化自觉。

展示学习成果也是传播优秀传统文化的重要途径之一。多形式、多角度、多层次地展示学习成果，不仅能提高学生学习的兴趣、提高教学效率，还有助于学生获得文化知识，理解文化内涵，汲取文化精华，形成正确的价值观，增强文化自信。教师要善于利用课堂内外的有效因素，多渠道、全方位地为学生打造展示学习成果的平台。

教师要根据学习成果的形式合理安排展示方式，为学生营造“我能、我行、我会”的氛围，让学生展示自我、收获快乐的同时对传统文化有更清晰的认知，对传统文化的生命力有更坚定的信念，对传统文化未来的发展方向有更坚定的信心，在不知不觉中提高学生的传统文化自觉。

优秀传统文化的传承，需要立足学校教育，在教学中融入相应的主题，通过整合教学内容，培养传统文化意识；要开展实践活动，丰富传统文化体验；还要展示学习成果，提高传统文化自觉。传承中华优秀传统文化，要让学生受到传统文化的熏陶，增强学生对传统文化的认可，使其积极参与传统文化的学习，主动投身传统文化的实践，将文化自信厚植于学生的言行举止中，使校园生活成为学生开心、幸福、生机勃发的生命成长的精神支点。

（执笔：赵晓萌）

四、体现践行以美育人要求案例4（弘扬传统美德——《老人和儿童》人物绘画教学案例）

画中老与少　弘扬美与德

案例背景

中华民族历史悠久，中华文明源远流长。弘扬中华民族传统文化，加强对学生的思想品德教育，是当前德育工作的重要任务，也是美术教学的一项重要内容。在小学美术教学过程中，让学生了解中华传统美德，激发学生热爱生活、尊老爱幼的情感，是美术教育工作者义不容辞的责任。本文以《老人和儿童》的教学为例，引导学生观察老人与儿童不同的相貌、动作、神态，感受老人与儿童之间的友善与关爱，促使学生萌生尊老爱幼的情感，在学生心里播下文学艺术的种子，使学生走上美德少年之路，进而传承中华传统美德。

案例描述

"说一说"，初步感知，调动学生的学习热情

兴趣是最好的老师，兴趣对学生而言也是一种巨大的动力，兴趣能够推动学生发掘知识、开拓思维，也能培养学生主动参与的意识。本节课的重点在于学生能观察到老人和儿童之间不同的相貌、动作、神态等，并用绘画的方式表现出来。同时教师需要通过正确、有趣的引导，变难为易。对二年级的学生而言，进行人物绘画还有一定的难度，在本节课中，我通过表演导入，营造教学氛围，调动学生的学习热情，激发学生的探索欲望。

师：猜猜我是谁？

生：老师！

师：老师今天变成了一位老奶奶，大家能说一说我哪里发生了变化吗？

（师生共同讨论老人的相貌和神态特点）

生：白发、皱纹、拐杖、驼背……

师：今天让我们一起来研究学习《老人和儿童》。

教师的表演成功切入了“老人”与“儿童”这些关键词，让学生直观感受并说一说老人和儿童的区别，从而导入本节课的课题。课堂导入新颖巧妙，引人入胜，能很好地调动学生的学习热情，让学生的探索欲得到充分发挥。

“演一演”，突破重难点，唤醒学生的美德意识

在生活中做到细心观察才能有好的表演。当然，表演也可以适当夸张，尽可能将老人与儿童的特征放大。二年级学生的表现力是非常好的，但还需要老师给予一个表演的方向，学生要想将生活中见到的场景和动作表现出来，也需要教师的正确引导。

师：老师扮演的那位老奶奶经常出现在我们学校门口，你们猜她为什么总出现在学校门口？

生：应该是接送孙子或孙女的奶奶。

师：没错，这位奶奶之所以让我印象深刻，是因为她会帮孙子背书包。一高一矮、一快一慢的鲜明对比尤其引人注意。

师：课前老师还让同学们拍摄家里老人或儿童的照片，大家把照片拿出来，仔细地观察照片上的老人和儿童，小组展开讨论，看看他们有什么特征。

（学生欣赏图片并分组讨论，教师引导学生关注老人与儿童的相貌和神态。）

生：老人驼背、有皱纹、白发长须，儿童皮肤滑嫩、爱跑爱跳……

师：请大家在组内分工扮演爷爷奶奶或者弟弟妹妹，并上台来演一演。

生 1：我想扮演我的爷爷，他每天都会送我上学、接我放学。每次出门买东西他都不让我提重物，他的腰因为长期劳累已经站不直了。

生 2：我想扮演我的奶奶，虽然她已经退休了，但每天依旧很忙，每次我放学回家总会见到她在家里做饭、打扫卫生的身影。

（学生在组内分角色扮演，教师指导学生在表演时突出老人和儿童的动作与神态。）

传统课堂中教师讲课、学生听课，学生的学习是被动接受的过程，他们的观察力、想象力、积极性往往不被重视，这压抑了小学生内心丰富的表现欲。而在这节课中，教师根据教学需要，把全班分为多个小组进行角色扮演，学习形式上更具有灵活性和多样性。学生将身边老人的生活状态真实地展现出来，这使他们更深刻地领悟到老人在为我们的幸福生活默默付出，激发了学生尊老爱幼的情感。表演使一堂普通的美术课不同凡响，课堂变得生动活泼，学生的美德意识得到提升，课堂达到了教学形式与内容的相互适应和完美统一。

师：接下来让我们欣赏一下小朋友们笔下的老人和儿童，看一看大家表现的是什么内容。

（展示课件，教师引导学生关注尊老爱幼的图画内容。）

生：这幅画表现的是爷孙两人的温馨场面。

生：小朋友扶着奶奶过马路。

生：小朋友在公交车上给素不相识的老人让座。

（教师引导学生观察画面内容，寻找共同点，最后总结。）

师：老师发现这些画都有共同的特点，你们发现了吗？

生：这些画面让我感觉很温馨、很幸福……

师：没错，尊老爱幼的传统美德在这些画面中都有体现。

“画一画”，依托生活创作，培养学生的审美感知

目前，同化效应广泛影响了学生，教师在教学中过于强调绘画的步骤、方法而忽略以美为中心的创作方式，使创作进入了程式化的误区。差异化的绘画策略以点线面元素为重点，注意提高学生对美的敏感度，不忘对美的追求，以美为核心演变而来的绘画技巧最能展现老人和儿童作品创作过程中的美感。

教师在示范时要强调，绘画重点在于如何表现不同年龄段人物的表情、动作和神态。教师要鼓励学生将发生在自己生活中与老人、儿童相关的美德故事讲出来，并根据学生的描述直接在黑板上作画，同时引导学生观察人物的比例、画面的和谐度和完整度。

师：你想表现一幅什么样的《老人和儿童》作品呢？

生：我想画我给奶奶捶背。

生：我想画我扶着爷爷过马路的情景。

生：爷爷的胡子好硬啊！我准备画我帮爷爷刮胡子。

（教师根据学生描述，示范画作。）

师：接下来请大家根据自己手中的照片或记忆创作一幅关于老人和儿童的作品吧！

（黑板展示教师示范画，投影出示部分优秀作品。）

“评一评”，增强改进意识，提高学生的综合素养

在本课的结尾，师生评价反思，延伸美德教育，激发学生热情，使学生开阔视野、更加热爱生活、关注中国传统文化。教师引导学生将这节课学到的知识活学活用，使学生的情感体验得到升华。

为提高同学们的表现能力和审美能力，教师要把评议权交给学生，鼓励他们展现创造性，发表对其他同学作品的评价，强化自己的主体意识，

让学生在完成创作的同时体验助人的双重喜悦。一幅画，就是一颗心对中华传统美德的探索。学生大胆表达自己对他人作品的看法，讲出特点，表达内心想法，最后由教师进行总评。

师：老师设置的奖项有最佳构图奖、最佳色彩奖、最佳创意奖……大家来当小评委，看看应该颁给谁。

（黑板展示学生优秀作品并点评）

学生把自己的作品送上讲台，这些作品的形式、手法、内容各不相同，充分展示了学生的个性特点。

自评是夸一夸自己的作品。互评是选出自己喜欢的一幅作品，并说说感受。师评是点评有代表性的作品。

师：我们今天把传统美德与绘画相结合，展示了一幅幅生动有爱的《老人和儿童》。同学们课后还可以将你见到的美德故事用黏土做出来或者通过文字记录下来，老师期待看见大家更精彩的作品。

情感性是美术学科的基本品质之一，也是美术学习活动的基本特征之一。在美术课上，学生的素养得到提高，审美能力和想象力都得到了加强，同时，这堂美术课传承了尊老爱幼的优良品德。

案例反思

让美术作品从课本和课堂中走出来，融入生活。我们只有在实践中不断积累经验，才能充分发挥传统美德在美术教学中的作用，让传统美德时时浸润学生的心田，成为他们不可缺少的精神养料。在小学美术授课中传承和发扬我国传统美德，需要美术教师具有专业的才能和创新灵活的教学方法。作为新时代的美术教师，我们应该灵活机智地开展教学活动，创造性地利用身边的传统文化资源，将美育与德育充分融合，推动美术教学高质量发展。

（执笔：秦怡）

五、体现践行以美育人要求案例5（培育家乡情怀——秦淮花灯教学案例）

点亮孩子心中的秦淮花灯

案例背景

家乡，对人来说是一个符号，是亲切的乡音，是亮起的灯光，是无论走多远也会等你回来的避风港。随着城市的发展、国家的强盛，人们心中涌现出越来越浓烈的乡土情结以及文化认同感。文化的传承需要依托教育的力量，学校是文化传承的沃土。《义务教育艺术课程标准（2022年版）》明确要求学生了解不同地区、民族和国家的历史与文化传统，理解文化与构建人类命运共同体的关系，学会尊重、理解和包容。家乡的传统文化扎根于学生生活的热土，是生活中随处可见的，有着广阔的群众基础。我们可以以家乡的传统文化为基点，培养学生的家乡情怀。

秦淮花灯文化是南京本土文化中亮眼的存在。秦淮花灯的工艺水平精巧，造型别致，是人们喜爱的玩具。秦淮花灯不仅可以照明，还承载着人们的美好愿望。虽然我们身处秦淮花灯的发源地，大部分学生有亲临现场赏灯的经历，但是提及家乡南京的特产时，大部分学生脱口而出的却是盐水鸭，像花灯这种集绘画、竹艺、纸艺为一体的传统艺术被搁置在记忆的边缘。作为一名南京的小学教师，帮助学生了解秦淮花灯文化，发扬、传承、创新秦淮花灯文化，我责无旁贷。2023年2月，我校紧紧抓住元宵节这个传统节日，带三年级的学生走近秦淮花灯的世界，学生们经历了一次有趣的探究之旅。

案例描述

与花灯的初次相遇

2023 年 2 月，我校依托元宵节开展了“元宵闹花灯”主题实践活动，学生们积极参与，制作了非常多精美的花灯。元宵节亮灯的习俗历史悠久，现在的人们会在家中、公园中、广场上点灯祈福，传递美好心愿，秦淮一带更是有盛大的灯会供人欣赏。2023 年元宵节恰逢开学，学校组织学生了解花灯文化、做灯、挂灯、赏灯。本着“废物利用”的理念，学校鼓励学生用身边的废旧物品制作花灯，并在元宵节当天带到学校里点亮它。元宵节至，同学们纷纷挂起了自己和家人一起制作的花灯，有兔子灯、宫灯、荷花灯、绣球灯……在亮灯环节，同学们不仅可以点亮自己制作的花灯，还可以参与猜灯谜、评选最美花灯等活动。活动结束后，10 盏花灯脱颖而出，被评为最美花灯。

在感知和体验中走近秦淮花灯

我们伟大的祖国不仅有大好河山，还有璀璨的文明，流传至今的花灯文化是我国传统文化长河中的明珠。为了帮助学生理解秦淮花灯背后的内涵与文化，我校紧紧抓住元宵节这个民间传统节日与学校地处南京这一本土特色，组织学生带着任务去游览欣赏，帮助学生了解花灯文化，将家乡情怀通过花灯根植于学生内心。这便是《义务教育艺术课程标准（2022 年版）》指出的，教师不仅要关注自己的“教”，还要指导学生明确“为什么学艺术”，设计与学生经验、社会现实和当地文化相关联的情景与任务，层层递进，指导学生主动、积极参与艺术实践活动，理解各种艺术形式美和意蕴美，感悟艺术学习的魅力与艺术实践价值。

本次主题探究活动以任务为导向，通过发布“我眼中的秦淮花灯”“我了解的秦淮花灯”“我制作的秦淮花灯”任务，引导学生探究秦淮花灯文化，体会其文化内涵与精神，从而自觉地发扬、传承与创新花灯文化。

三个任务的主要内容如下。

任务一：我眼中的秦淮花灯。

花灯，又名灯笼，是中国传统的民俗工艺品。每逢元宵节，南京会举办秦淮灯会，十里秦淮繁华夜，张灯结彩盼君来。你去灯会上赏过花灯吗？你了解哪些花灯知识？你在生活中见过怎样的花灯呢？不妨用文字、图像、绘画等形式记录下来。

任务二：我了解的秦淮花灯。

秦淮花灯作为一种装饰造型艺术，体现了地域特色和民间审美情趣。花灯有许多种类，如走马灯、龙灯、兔子灯、莲花灯等，装饰造型千变万化。结合民间美术造型的自身特点，以造型艺术规律为出发点，可以将花灯分为平面造型、立体造型和综合造型三大类，请你选择任意一种类型的花灯深入研究，完成下列表格。

秦淮花灯的艺术特征

种类	点、线、面特点	色彩	造型	材料	你的感受

学生根据自己的兴趣选择任务一或任务二进行课前自主探究，并将自己探究的成果在课堂中分享。课堂分享不仅能锻炼学生的语言表达能力，还能引发学生的交流与思考，帮助学生快速建构有关秦淮花灯的知识体系。

美术是一门实践性很强的学科，学校的美术课堂在培养学生的文化理解力的基础上，还要加强对学生艺术表现力的培养，如重视学生在学习过程中的艺术感知及情感体验。因此，在创作花灯环节，教师首先播放秦淮灯彩传人的采访视频，引导学生归纳扎制花灯的步骤。接下来，教师以兔子灯为例，引导学生观察兔子灯各部分接近什么形状，并带领学生用竹条扎制其骨架。在观察各部分形状时，教师提供不同形状的饮料瓶给学生，鼓励学生在材料的选择上有新的想法。最后，将宣纸糊于骨架之上，用彩纸和水彩笔进行装饰。待同学们了解了花灯的制作方法之后，教师将班级分成四大组，其中两组提供传统工艺材料，两组提供综合材料，请学生自主选择自己想探究的内容并出示任务三。

任务三：我制作的秦淮花灯。

秦淮花灯历史悠久，它的制作工艺、造型、材质、色彩体现着南京地区的文化，承载着这座城市的历史底蕴。今天，请大家和老师一起制作一盏花灯，体会手艺人的用心。

在同学们的体验中，课堂逐渐接近尾声。每组学生都制作出了自己最喜爱的兔子灯。

激发每一位学生的艺术潜能，调动学生学习的积极性，发展学生的艺术素养，培养学生的艺术特长，是《义务教育艺术课程标准（2022 年版）》对课堂教学提出的要求。为了进一步落实这一要求，教师除了精心组织内容教学外，还要利用多种方式组织学生自评互评，最终帮助学生提高审美素养，实现“教学评”的一致性。

在课堂中，笔者首先引导学生根据评价单进行自评，评价围绕自己的创作状态以及与他人合作的愉悦程度展开。如你在组内担任什么工作？你最满意的地方是哪里？在创作过程中你遇到了什么困难？你是怎么解决的呢？对于这个作品，你是否存在遗憾？

在互评环节中，教师转变策略，变身“夸夸团”加入互评。首先，老师肯定了每一位同学的坚持与付出，肯定了同学们在创作中不拘泥于传统的工艺与材料，积极进行创意尝试的行为。其次，老师组织学生投票选出“最具创意的花灯”“最具装饰性的花灯”“最具潜能的花灯”“最具影响力的花灯小组”。此时，自评、互评交互进行，可以是展评双方的正常交流，也可以是组内对遗憾之处的再次尝试和构想，也可以邀请“外援”进组共同创新。在同学们的交流中，在他们的不断尝试中，秦淮花灯走出了美术课堂，逐渐走入课间、走入学生的周末。

案例反思

课程教材要发挥培根铸魂的作用，这里的“根”便是社会主义先进文化、革命文化、中华优秀传统文化。家乡优秀传统文化有独特的地域优势，非常值得教师带领学生学习。正如案例中所述，我们在教学中结合具有地域特色的秦淮花灯文化，运用任务驱动学习的方式，引导学生探究秦淮花灯的文化内涵，领会艺术对文化发展的贡献与价值。以学习家乡文化为契机，教师将家乡情怀通过花灯的学习与制作根植于学生的内心，加强学生对家乡优秀传统文化的理解，帮助学生形成正确的文化观，增强学生的文化自信。以关联融通激发学生对家乡文化的兴趣，以任务探究助推学生对家乡文化的探究，以创意表达实现学生对传统文化的传承。传承优秀家乡文化需要立足学校教育。家乡传统文化融入美术课堂，具有现实的必要性与可行性。教师应挖掘美术教材以及课外的传统文化教学资源，合理设计，巧妙渗透，用传统文化来丰盈美术课堂，更好地学习、弘扬与传承中国优秀传统文化，更好地达成美术课堂的文化教育价值，以创意表达实现学生对传统文化的传承。

（执笔：郭艾青）

六、体现践行以美育人要求案例6（提高劳动能力——线描蔬菜写生教学案例）

爱上线描蔬菜写生　提升基本劳动能力

案例背景

作为一名小学美术老师，我一直致力于提高学生的艺术素养和创造力。去年我在学校组织了线描教学社团，承担了线描社团的教学任务。在美术课上，我会让学生利用线描方法对物体进行写生训练，在组织学生对蔬菜瓜果进行线描创作时，我发现了一些问题。虽然同学们能画出蔬菜的大致外形，但他们注意不到蔬菜的肌理细节，这些画作单调、缺乏美感。

案例描述

糟糕的美术作品

某一天，我们学习蔬菜线描，我向同学们出示了一些蔬菜的照片。我发现，当我出示有些蔬菜的照片时，大部分同学是可以喊出蔬菜的名字的。但是，当我出示另一些蔬菜的照片时，学生中却有了不一样的声音，当我询问这些蔬菜的名称时，他们中的大部分不清楚。

问题不仅出现在蔬菜的辨识上。在这节课上，我像往常一样向同学们传授画蔬菜外轮廓的方法，但我发现，这些孩子对蔬菜的外形认识非常有限，不知道如何画出复杂的蔬菜外形。我向同学们展示了一些常见的蔬菜，包括洋葱、甘蓝、芹菜、西红柿等，并向他们解释了每一种蔬菜所属的几何外形类别。

蔬菜的外形有了，用画笔在外形内部填充完细节，作品也就完成得差不多了。就在我以为同学们的创作不再有困难时，同学们又提出了一些关于蔬菜的疑问和不解，比如为什么有些蔬菜表皮是光滑的，而有些会长出很多细毛？为什么有些蔬菜的颜色是淡绿色的，而有些是鲜红的？为什么有些蔬菜长成了球形，而有些是棒状？白菜叶表面的纹路是怎样形成的呢？

听了同学们的问题后，我开始思考如何让同学们画出更生动的蔬菜。我的第一个想法是仔细讲解蔬菜的内部结构、颜色等。之后我向同学们展示了许多蔬菜的照片，要求他们仔细观察照片并尝试创作。有些同学在看完照片后找到了一些灵感，还有一些同学则在苦思冥想中依旧找不到突破口。通过询问我了解到，有些同学对蔬菜叶上的花纹还不太清楚，因此我提供了放大后的照片并在黑板上进行实际演示，让同学们跟着我一起画。

到了展示环节，通常课上会有的踊跃举手、争相展示作品的画面却没有出现。相反，许多同学埋着头、愁眉苦脸，或者偷偷拿着笔在修改自己的作品。看来，大部分同学对自己的作品没有足够的信心。见此情景，我决定邀请社团里一些画得比较好的同学上台展示作品，希望他们的作品能够鼓舞其他同学的信心，并激发大家更多的灵感和创造力。我邀请了一些画得比较好的同学上台展示作品，但他们的作品不如往常那样出色。虽然他们能画出蔬菜的大致外形，但有些同学画的菜叶颜色错了；有些同学画的萝卜，表面的纹理变化特别少，看起来像陶瓷作品；还有些同学画的白菜叶里布满了混乱的线。

深入思考原因

由此我开始思考，我感觉自己已经给他们讲解了许多知识，为什么他们的画外形上没有问题，碰到细节却出现了那么多的问题呢？下课后，我找了一些孩子询问：“你们怎么不熟悉蔬菜呢？”同学们告诉我：“我平时很少去菜场，爸爸妈妈也很少让我洗菜、摘菜。虽然我吃了很多蔬菜，但是对蔬菜的认识很少。”

看着孩子们，我深感担忧。他们都是城市里的孩子，对蔬菜的生长几乎没有什么了解。我想起小时候的自己，我所了解到的蔬菜知识都是在帮父母摘菜、洗菜时慢慢学来的。现在的孩子缺乏这些锻炼的机会，他们接触到菜的机会大多数是在餐桌上。或许像我过去那样，做一些有关蔬菜的家务劳动，可以使他们更加亲近和了解蔬菜，进而提高对蔬菜细节的把握能力吧！

偶然的菜地承包

有一天，我发现学校正在研究劳动教育，并已经在校园的一个角落开辟了一块菜地。于是，我向同学们提议，我们可以一起承包这片菜地，种一些蔬菜。同学们纷纷表示支持并开始准备。

为了更好地管理和耕作这片菜地，我采取了一些措施来确保同学们能够获得有效的指导和培训。首先，我在社团内发出了招募家长志愿者的通知，希望有意愿参与农耕活动的学生家长能够前来协助我们。同时，我还结合学生的日常时间表，制定了一套详尽的工作计划，计划包括每个环节的具体内容、时间分配以及任务分工等。

家长志愿者的招募非常顺利，报名的家长很多。不久后，拥有丰富耕种经验的家长志愿者来到了校园里，在他们的带领下，我们对菜园进行了全面规划和安排，并根据实际情况对土地进行了适度改良。

在家长志愿者的带领下，同学们积极投入耕种工作中。他们跟着家长志愿者用小铲子松土、搅拌，为菜地打理出最适合蔬菜生长的土壤环境。播种和浇水之后，没过多久，我们精心挑选的种子长出了嫩芽。此时，其他班级承包的菜地里也长出了许多嫩芽，整个菜园非常美丽。

持续的能力成长

随着时间的推移，菜地里的蔬菜越长越大，我带着激动的同学们来到现场观察蔬菜。

我带领同学们依次观察每一种蔬菜的特征，我发现他们对蔬菜充满好奇心和探究精神。有些同学弯下身子，在菜地里仔细观察每一棵蔬菜，试图看清蔬菜各个部分的外形结构。有些同学则蹲在地上，歪着脑袋，翻看之前记录的作品。还有些同学聚在一起交流想法。

在同学们对菜地里的蔬菜有了一定的观察后，我让同学们说一说蔬菜的外貌特征。“我看到我们上次的种子长出了嫩芽，颜色是黄绿色。一排排红辣椒挺立在枝头上，鲜亮的色泽让人感觉十分舒适。黄瓜藏在绿叶间，它的个子小小的，外形是长长的，身上长满了刺。还有红萝卜、白萝卜，它们虽然都是萝卜，但外形和颜色却大不相同。”此时同学们对蔬菜的描绘不再是简单的几何形外轮廓，而是有了更多细节。

接着，同学们在菜地里自由活动，找一个合适的位置进行艺术创作。他们纷纷拿出画板和画笔开始写生。在写生过程中，学生们对蔬菜进行了更加深入的观察，尝试将蔬菜的特征通过画笔表现出来。他们这次画得很写实，努力还原了蔬菜的真实面貌。

当我后续又带学生来菜地写生时，学生不解地问：“老师，我们不是已经来过菜地了吗？为什么今天这节课又来呢？”

我指着菜地里的菜对大家说：“大家拿出我们上节课的作品，站在和上节课一样的位置观察一下，今天的蔬菜和你们之前画的蔬菜有什么不一样？”

生：“今天的青菜叶更大了，萝卜的叶子长得更高了。”

师：“我们用画笔将蔬菜的状态再次记录下来，这能让我们更好地认识它们的生长状态。”

学生们听了我的话，纷纷拿出画笔和纸，开始记录菜地里蔬菜的生长状态。他们观察着每一棵菜，记录下变化的颜色和形状，用心描绘蔬菜的成长历程。在这个过程中，他们对蔬菜有了更深的认识。

主动的劳动学习

后来，我发现有些同学利用课间到菜地里观察蔬菜，有的学生告诉我，周末的时候，他跟奶奶一起挑水浇菜，学到了好多蔬菜种植的知识。

后来，他们不再像一开始那样只是简单地了解蔬菜的名字，而是开始深入理解蔬菜的生命和成长历程，通过绘画的方式，把蔬菜的生长过程记录下来。

通过多次线描写生练习，同学们的蔬菜写生作品越来越好了。一开始，他们只是通过简单概括的描述来尽可能地刻画蔬菜。后来，多次练习和调整让他们逐渐学会了线条勾勒和轮廓填充的技巧。画作的细节与质感变得更加真实，植物的神态、气息都能够呈现出来了。后来的每一次展示活动，同学们都非常积极，他们兴奋地向大家展示自己的作品，我从他们的作品中读到了他们从劳动与观察中获得的自信。

学生们更加深入地了解了蔬菜的生长状态，也更加深刻地认识到自然界的神奇和复杂。同时，这种探究性的学习方式也培养了他们的耐心、责任心和热爱劳动的精神。在这个过程中，我看到了学生们成长的点点滴滴，也对他们未来的学习和人生之路越来越有信心。

案例反思

首先，以劳促美，提升线描绘画能力。

我指导学生种植蔬菜，让学生参与蔬菜种植的每一个环节，学生因此对蔬菜各个生长阶段的外形、颜色、肌理有了深入的了解，这有效弥补了仅靠眼睛看造成的观察缺失、仅靠想象造成的表达缺失、仅靠别人告诉造成的理解缺失。通过劳动实践，学生掌握了更多细节和规律，提高了色彩表现能力、肌理感知水平以及线描表达的构建能力。

其次，以美助劳，提升基本劳动能力。

在这次蔬菜种植写生中，学生们不仅提升了绘画能力，还掌握了劳动技能并体验到了劳动的快乐。他们用画笔记录蔬菜的外形，更加深入地理解了蔬菜的生长状态，与此同时，他们的劳动能力也在逐渐提升。

最后，以美育人，树立积极劳动意识。

蔬菜种植写生让学生获益匪浅。学生们不仅在美术创作上收获颇丰，劳动技能也得到了锻炼。通过劳动，学生们学会了分工协作，理解了农民种植蔬菜的不易。

这不仅是一次短暂的美术学习活动，还是有价值、有意义和有盼头的成长经历。学生从中掌握了应有的劳动技能，体会到劳动的重要、劳动的乐趣，在内心深处埋下了热爱劳动的种子，教师将劳动教育的根和魂植入学生的心灵，达到了以美育人的目的。

（执笔：王伟杰）

七、实践反思

案例 1 基于作者带领学生参加学校组织的红色主题社会实践活动时遇到的实际问题，如学生热情不高、参与度不高等，在美术教材中寻找解决问题的切入点，作者最终锁定了美术教材中的《柱状雕刻》一课。作者在学生惊叹于祖国传统柱状浮雕艺术精美绝伦、巧夺天工之余留下课后自主学习任务——查阅人民英雄纪念碑下层大须弥座束腰部镶嵌的汉白玉浮雕的具体内容，通过学习单进行总结归纳，在下一节课向同学们进行介绍。在和平年代，艺术创作总是以美观为第一要义，为什么天安门广场前的人民英雄纪念碑的底座上要做这些主题的浮雕呢？当学生带着问题去了解这些浮雕作品呈现的历史事件时，就会真正理解师长们常常挂在嘴边的“我们今天的幸福生活是无数革命先辈抛头颅、洒热血换来的”这句话的深刻含义。人民英雄纪念碑下层大须弥座束腰部镶嵌的汉白玉浮雕，不仅仅是出色的艺术品，更是通过艺术形式帮助人们牢记历史的鲜活教科书。作者结合教材内容渗透爱国主义教育思想的做法更是以美育人的样板和典范。

案例 2 描述了作者通过小学美术教材中《飞机》一课的教学帮助学生坚定理想信念的故事。

钱学森放弃美国优厚的待遇回国，因为其坚定的助祖国航天事业腾飞的信念；陶行知之所以能从农家子弟成长为伟大的教育家，源于其“我是一个中国人，要为中国作出一些贡献”的朴实信念。

飞机是学生非常熟悉的现代交通工具，深受学生喜爱，飞机是实用特性与美学要义的完美结合，对学生有着莫大的吸引力，正因此，《飞机》一课也是众多美术教师开课的热点内容。我观察过很多老师关于《飞机》一课的课堂教学，老师们将欣赏和创作进行有机结合，将《义务教育艺术课程标准（2022年版）》中所要求的审美感知、艺术表现、创意实践淋漓尽致地表现了出来。作者在这些老师的基础上深入挖掘学生对飞机造型、功能的兴趣，帮助学生认识到：科技带来的便捷生活源于我们的前辈对学习、事业的不懈追求。教学中，教师不仅要帮助学生坚定本节课美术创作的信念，还要将这份创作的信念潜移默化地根植于学生的心灵，将这份对飞机的喜爱、对创作的热情转化为努力学习、报效祖国的信念，并为之努力践行，这不正是以美育人的理想样态吗？

案例3针对中草药写生遭遇学生厌恶这一现象展开了深入思考，在学生的印象中，中草药是“过时”“低效”“难闻”“难咽”的代名词，他们因而不愿意去了解、观察中草药，甚至连走近中草药都不情愿。

根据作者文中描述的情况，我想起了自己逛商场时的尴尬，满眼英文品牌，难拼、难记不说，一看产地都是江苏太仓、四川乐山……问及营业员：“明明是土生土长的国产品牌，为什么不取一个彰显民族特色或者地域特色的名字，让顾客好认好记？”对方答曰：“为了提档升级，为了和国际接轨。”难道取了难记、难认的英文名字就提档升级、和国际接轨了吗？这是什么逻辑？难道就不知“民族的就是世界的”？

上述课堂内和社会上的现象让我们每一位教育工作者，尤其是美育工作者深刻理解了坚定文化自信的重大意义。

随着外来文化进入社会生活，我们除了用包容悦纳的态度去引导学生有选择地欣赏和接纳外来文化外，更要引领学生了解、认识、学习、传承、推广我们民族的优秀传统文化。文中，作者通过组织学生开展“植物推介会”，让学生了解：春天艳丽的郁金香是中草药，夏天水灵的荷花是中草药，秋天傲霜的菊花是中草药，冬天冰清玉洁的水仙还是中草药……原来，中草药不是尘封的记忆，也不是深山中的野草，它就在当下，就在我们的身边，它不仅有迷人的外在，更有丰富的内涵……当学生的认识有了本质转变后，作者又带领学生开展了“草药变变变”实践活动，天然无公害染料也可以出自中草药！这点燃了学生学习探索的激情，他们在课余时间总是不自觉地钻进中草药劳动基地，看看自己写生过的向日葵结籽了没有，看看亲手种下的那棵菊花的叶子长大后发生了哪些变化，连草稿本上以往随手涂画的卡通形象也变成了中草药……

这样的转变，不正是厚植文化自信的生动体现吗?

案例 4 以放学时年迈的爷爷奶奶佝偻着身躯帮超过自己身高的孙子孙女背书包为切入点，通过《老人和儿童》一课的教学，帮助学生从根源上认识到祖辈为了我们的幸福成长所奉献的青春、健康、财富……从而帮助学生从内心深处明白尊敬长辈、孝敬长辈的重要性，将弘扬中华传统美德落到实处。

提起老人，学生不难想到其特点是皮皱、背驼、动作慢，殊不知他们也有粉嫩可爱的童年、意气风发的少年、身强力壮的青年，最后由辛苦忙碌的中年走向了风烛残年的老年……案例作者通过小游戏“返老还童”和“我的老年”让学生感受岁月对长辈健康的侵蚀，又通过体验活动“角色扮演”让学生真切感受年老体弱的不易，唤醒学生内心深处对老人的尊重。有了真实感受与深刻认知，学生主动让座和扶老人过马路不再是为了受表扬，给予老人心灵和情感上的关心不再是走形式。

成功的艺术创作需要生动的视像再现和真切的情感体验，美术教学中的情境创设、欣赏认知、观察体验为创作提供直观、立体、真实的视像思维的同时，还将育人功能潜移默化地注入其中，本案例作者发现育人问题、挖掘学科内容、迁移教学策略的做法值得我们学习和借鉴。

案例 5 一文描述了作者为了带领学生在元宵节用废旧材料做花灯，从而提前组织学生认识、了解、亲近家乡南京夫子庙地区流传多年的秦淮花灯的教育故事及教育启示。案例中绝大多数笔墨落在了“如何学”“如何做”“如何评”上，其中，“如何学”让学生利用假期亲临夫子庙灯会，近距离欣赏秦淮花灯这项非物质文化遗产，并且提前设计好前置学习单，让学生带着问题去游览、欣赏，帮助学生建构自主学习意识，发展创新思维，为课上在老师的帮助引导下用现有的材料创作花灯奠定了基础。紧接着，教师又通过“技法学习”“创作实践”“交流分享”帮助学生将秦淮花灯这项传统艺术进行了富有童趣的时代创新。作者紧紧抓住元宵节这个民间传统节日，让学生带着任务去游览欣赏，帮助学生在秦淮花灯艳丽的外表背后读到内涵、了解文化，从而使学生有了创作的激情，将家乡情怀通过花灯的学习根植于学生内心。

我们伟大的祖国不仅有广阔山河，更有璀璨的文明，像此篇案例作者这样，通过美术教育教学活动帮助学生潜移默化地学习、发扬、传承、创新优秀文化是我们责无旁贷的责任和义务。

案例6一文的作者在线描社团教学中发现学生只观察蔬菜的外形，发现不了蔬菜表面的肌理，因此学生的作品平淡无奇、不美观、不耐看。在深入剖析问题的根源之后，作者发现是学生缺乏劳动的机会导致他们对蔬菜的观察不够。因此，作者在提升学生线描写生能力的同时充分发挥以美育人的作用，帮助学生培养了应有的劳动能力。

教师在教学过程中，紧紧把握写生教学中观察能力和表现能力提升的关键与参与劳动实践的内在联系，指导学生亲手种植蔬菜，让学生经历蔬菜种植的每一个环节，使学生对蔬菜各个阶段的外形变化、颜色变化、肌理变化有了深入的了解。这有效弥补了仅靠眼睛看造成的观察缺失、仅靠想象造成的表达缺失、仅靠别人告诉造成的理解缺失，在弥补这些缺失的同时让学生参与劳动，掌握应有的劳动技能，体会到劳动的重要、劳动的乐趣，在学生的内心深处种下热爱劳动的种子，将劳动教育的根和魂植入学生的心灵，达到以美育人的目的。

（执笔：张静）

第二章 如何实施文化理解

《义务教育艺术课程标准（2022年版）》指出，艺术课程要培养的核心素养主要有审美感知、艺术表现、创意实践、文化理解四个方面，四个核心素养相辅相成，相得益彰，贯穿艺术学习的全过程。与《义务教育美术课程标准（2011年版）》提出的核心素养表述相比，《义务教育艺术课程标准（2022年版）》在审美感知、艺术表现、创意实践三方面变化不大，仍然沿用了之前的内涵要素，本次突出了文化理解方面的新要求：尊重文化多样性，增强文化自信。文化理解主要是指导学生理解美术的各类现象、造型形象以及美术作品的丰富文化内涵。文化内涵涵盖了文化的许多方面，在美术教学中有效实施文化理解，促进学生更好地理解其内涵，关注文化与生活的联系，提高学生的美术素养，是当下美术教育工作者们面临的一项重要任务。审美感知是艺术学习的基础，艺术表现是学生参与艺术活动的必备能力，创意实践是学生创新意识和创造能力的集中体现，文化理解则以正确的价值观引领审美感知、艺术表现和创意实践。我们要以中华优秀传统文化为基础，立足传统文化之根，弘扬和传承好传统文化。广大美术教师要对中华优秀传统文化进行钻研，不断更新传统文化知识储备，同时，也要注重学习和借鉴其他国家的优秀文化，在理解的基础上传授给学生，开阔学生的视野。

（执笔：张屹）

一、体现实施文化理解要求案例1（《远古的动物朋友》教学案例）

文化理解的重要性和可行性

以《远古的动物朋友》一课为例，教师着重从传统、科学、地域、历史、美术等几方面的文化知识与美术教学内容的结合进行探索，促使学生将各类文化知识通过美术创作进行综合运用，使学生学到更加立体、丰富、有生命力的美术，从而激发学生的兴趣、提高学生的科学素养。

艺术课程核心素养包括审美感知、艺术表现、创意实践、文化理解。其中文化理解主要是指导学生理解美术的各类现象、造型形象以及美术作品的丰富文化内涵。文化内涵涵盖了文化的许多方面，如何在美术教学中有效实施文化理解，促进学生更好地理解其文化内涵，关注文化与生活的联系，提高学生的美术素养，是当下美术教育工作者们面临的一项重要任务。

传承传统文化知识

优秀传统文化是中华民族的文化根基，保护、传承、创新中华民族传统文化，并将新的研究成果引进课堂教学中，可以增强学生的文化自信，提高学生的文化素养。

在《远古的动物朋友》一课的导入中，教师通过播放视频让学生了解古生代、中生代和新生代的各类典型的远古动物，请学生说一说对哪种动物感兴趣，并说一说为什么。通过学生的回答可知，他们对恐龙最熟悉，也对恐龙最感兴趣。然后，教师引入近期的专家研究新假说，即古人依据恐龙化石创造中国龙的形象假说，学生听了非常感兴趣。吕熙安在《学术探索》发表的《论中国龙源于恐龙》一文中指出，中华民族创造的十二生肖中，早期龙的形象与远古的恐龙相似，经专家考证，中华民族龙文化的起源地与恐龙化石发现地是一致的，这证明了中国龙的创作思路的原型是恐龙化石。文字史料也证实，古代人类曾多次发现恐龙化石，正是这些巨型恐龙骨骼化石的发现，使古代人确信龙这种动物是真实存在的，并依据恐龙化石创造出了中国龙的形象。介绍完这一研究假说后，学生对恐龙更感兴趣了，通过把龙和恐龙的图片进行比较，学生们惊奇地发现二者确实有许多相似之处。这一假说向学生道出了“艺术形象来源于人们的所见、所闻和自然界的启发”这一道理。

教师关注学术研究，并将其引进课堂，这使教学内容更丰富、更与时俱进、更鲜活。

探究科学文化知识

科学文化知识是经过论证的符合客观规律的知识，美术教学也要注意科学文化知识的融入和运用，避免学生在学习时出现科学方面的错误。

人类的远古动物朋友中，有古生代巨大的爬行动物，如石炭纪的巨型蜈蚣、志留纪的海蝎等；有中生代的爬行动物，如恐龙，中生代又被称为恐龙时代，当时恐龙成为地球的霸主；有新生代的大型哺乳动物，如高达2米的巨猪，它是猪的祖先。现在存活的远古时代的动物有熊猫、中华鲟、鳄鱼等。教师需要让学生了解这些动物的生活年代及进化的顺序。恐龙的食物主要是树蕨，关于树蕨的外形特征，教师也出示了相关图片进行讲解，要求学生给远古动物添画背景时，画出树蕨、大山等。

另外，恐龙灭绝的场景也是许多学生在绘画中想表现的。教师提前也准备了恐龙灭绝的假说知识介绍给学生，有陨星碰撞说、火山喷发说、气候变迁说、物种斗争说、大陆漂移说等。2018年，黄乐清、唐鹰、童潜明、黄建中、李光、胡能勇在《中国地质》杂志上发表了《株洲天元白垩纪含化石层地质记录及恐龙死亡、埋藏过程初探》，文中指出，株洲天元恐龙化石遗迹区是湖南省新发现的一个恐龙化石产地，亦是当今世界上为数不多的位于大中城市中心的恐龙化石埋藏地之一。该文推测，在气候干旱少雨、植被稀少的古环境中，火山、地震、滑坡等一系列局部性突发的地质事件直接导致了株洲天元地区生态环境的恶化，这亦成为该区恐龙死亡的主导因素。恐龙骨骼埋藏与河道冲积入湖形成三角洲沉积体系这一过程密切相关。这一研究进一步证明了自然地质灾害、气候变化等是导致恐龙灭绝的重要因素。学生绘画恐龙灭绝前的想象情境时，要注意表现出自然灾害的特点，教师要引导学生讨论，恐龙等远古动物的灭绝事件对人类的警示，我们要更好地保护大自然，避免新的灾害对人类造成大的威胁。教师最后总结："远古的动物有的灭绝了，有的存活到现在，它们都是人类的好朋友，为我们了解古代的动物进化起到了非常重要的作用，它们也让我们明白，人类的发展要尊重大自然，敬畏大自然。"

追溯地域文化知识

地域文化知识根植于本地，是学生能亲身感受到的知识，是美术教学的活教材。充分发掘地域文化知识，将它们融入美术教学中，会使学生乐于学习和探究。

中华鲟是国家一级重点保护野生动物，是"活化石"，也是长江中最大的鱼类。每年夏秋两季，中华鲟从长江口外的浅海区域历经长江到金沙江一带产卵繁殖，待幼小鱼苗长大一点，又携带它们回到外海区域。我校处于长江下游地区，师生们每年夏秋都欣闻中华鲟观测的报道，学生也非常关心它们。教师发动学生收集目前还存活在地球上的远古动物的图片，如中华鲟、熊猫、鳄鱼等，让学生在画好已经灭绝的远古动物后再加上它们，学生的作业很好地表现出了动物之间的友好关系。在教师的引导下，学生较好地处理了画面构图。由于恐龙与这些动物相比体型巨大，学生可以只画恐龙身体的一部分，这样就使这些较小的动物能画得大一些，另外，也要处理好水与陆地的关系。有地域文化内涵的教学内容，激发了学生对珍稀动物的关注，也培养了学生保护野生动物、保护水资源的意识。

探寻历史文化知识

历史文物中的文化知识是美术教学的宝藏之一，它们在博物馆、图书馆、主题展馆之中，用好它们，能给美术教学带来深厚的文化底蕴和内涵。

在课堂导入阶段，教师提问：“大家有没有见过恐龙化石？在哪里见的？”许多学生说自己在常州中华恐龙园见过恐龙化石。有的学生说：“我印象最深的是中华恐龙馆，作为中华恐龙园的中心建筑物，它的馆体外形是仿生建筑，远远望去，仿佛是三条巨大的恐龙，它们高抬着龙头，躯体组成了恐龙馆的主体，龙首最高处达 71 米，馆体穹顶最高处达 36 米呢。”有的学生说：“中华恐龙园非常独特，它模拟了远古时代恐龙生活的环境，有山岩、瀑布、丛林、海洋、洞窟，向我们展现了中生代特有的恐龙生存环境。”还有的学生说：“我觉得恐龙化石的陈列非常有趣，场馆运用高科技手段，通过声光电的综合运用，实现了化石与我们的互动，非常震撼。”教师总结：“中华恐龙馆是收藏展示中国恐龙化石较全的博物馆。巨大的恐龙化石重现了恐龙的骨架结构，让我们对几亿年前的庞然大物有了更形象具体的了解。”接着，教师播放视频介绍中国著名的自贡恐龙博物馆。自贡恐龙博物馆的陈列以大山铺恐龙化石埋藏现场及出土的恐龙化石为主，有许多保存完整的恐龙骨架，还有大量的脊椎动物化石。同学们在创作《远古的动物朋友》时，也把查询到的恐龙的相关内容加入其中，使自己创作的恐龙更加符合科学、更加符合恐龙生活的远古环境的特点。

丰富美术文化知识

将传统、科学、地域等几方面的文化知识融入美术教学，一方面可以通过欣赏评述、师生讨论、自主探索等教学形式落实，促进美术与其他门类文化知识的融合，另一方面也可以通过教学范画、作业要求等环节落实。

根据学生的兴趣，教师特意安排了画恐龙的示范环节，以腕龙的画法为示范内容。教师先带学生欣赏电动塑料玩具腕龙，分析腕龙身体的组成部分及每一部分的主要特点，然后教师编了一个画法口诀：一条曲线弯又弯，一枚蛋形居中间，身体前后要平衡，腿爪花纹要细辨。之后，教师请学生分析每一句口诀各是什么含义。学生分小组讨论后，教师进行总结，得出口诀包含的意思："一条曲线弯又弯"画的是恐龙的脊背和尾巴主曲线；"一枚蛋形居中间"画的是身体部分，由于恐龙是卵生，身体形状也像蛋形一样，这样画身体基本轮廓非常好记，也符合科学知识；"身体前后要平衡"是指恐龙的头颈部的长度和粗大的尾巴的长度要相近，这样才符合恐龙的身体结构特点，如果头颈部长、尾巴短就会前倾，相反就会后仰，这是动物身体的基本规律，教师还引导学生想一想还有哪些动物是这样的；"腿爪花纹要细辨"就是要观察腕龙与其他恐龙的不同之处。接着，教师又拿出电动塑料玩具三角龙，让学生自主分析它的形状特点。通过这样的安排，学生能很快掌握不同恐龙的形状和结构的相同之处与不同之处，为接下来的恐龙玩具写生进行知识储备。教师紧接着让每组学生从抽屉里拿出本组的写生玩具恐龙，小组先讨论，之后请每组的小组长说一说你们组的恐龙有什么特点。教师点评、补充完善后，学生就开始写生了。在开始写生前，教师要引导学生先在头脑中做好动物朋友的构图，看看恐龙、中华鲟及其他远古动物各画在什么位置上，用铅笔框出它们的位置后，再进行恐龙写生，写生完成后，添画出其他几种远古的动物朋友，之后再添画树蕨等古代植物。最后就是作业展示和点评环节了，请同学们把作品贴到教师画的大幅范画《远古的动物朋友》周围，这样就形成了一大片动物朋友群，学生非常开心，也认识到我们人类要和动物做好朋友，保护好大自然，不要让现有的动物再灭绝了。

（执笔：张屹）

二、体现实施文化理解要求案例2（《你会设计邮票吗》教学案例）

方寸世界　薪火相传

案例背景

《义务教育艺术课程标准（2022年版）》对美术教学提出了新的要求、指明了改革和创造的方向，四个核心素养中的文化理解以正确的价值观引领审美感知、艺术表现和创意实践，文化理解在艺术教学中占据着举足轻重的地位。

邮票集实用与艺术于一体，一直受到人们的喜爱。邮票是寄信人向邮局缴纳邮资的凭证，同时因设计、印刷精美，邮票也作为一种微型艺术品为人们欣赏。邮票可分为纪念邮票、特种邮票、普通邮票等。纪念邮票多为纪念重大节日、著名历史人物及重大历史事件而设计发行，特种邮票多为反映科技、文化、经济建设成就而设计，山川风景、人物风俗、鱼虫花鸟、名画雕刻、歌舞戏剧、体育活动等都可以作为邮票画面上的内容。

随着时代的发展，现在人们的沟通多采用电话等方式，传统的写信越来越少见，新时代的小学生对邮票知之甚少。

因此，我想通过相关课程让学生了解一些邮票的基本知识，鼓励学生开展有益的集邮活动，让学生在欣赏、研究邮票的活动中拓宽知识面，获得审美享受，感受邮票的魅力。

案例描述

片段一：随机应变

《你会设计邮票吗》是二年级下册第十六课的学习内容，我却把它放在了第一节课，因为……

我们在悦耳动听的铃声中迎来了新学期的第一节课。我带着准备好的第一课的范画向我的孩子们飞奔而去。到了教室门口，我整理了一下衣服，面带微笑走向讲台，与许久未见的学生打招呼。一阵寒暄过后，我们正式上课了。突然，我听到有哭声，闻声望去，原来是第一组第三排的小崔同学。我问："你怎么啦？怎么哭了呀？见到老师激动的吗？"其他同学听了哈哈大笑。小崔说："我的同桌转学了，我好想他呀。"我赶紧抱着他安慰道："老师也想他，相信他也会想我们的。我们空闲的时候可以联系他呀。"这时，我突然想到这学期有一课与联络相关，就是《你会设计邮票吗》。于是，我决定提前上这一课。

"我们可以用什么办法和不在一起的朋友或家人聊天呢？"

我想这时候他们的大脑一定在飞速转动！

"打电话。""发信息。""视频通话，我还可以看着他聊天。""放假约出来一起玩。"

他们争先恐后地表达着自己的想法，教室里热闹极了。

二年级的孩子理解能力有限，为了让学生更好地体会"联系"一词，我讲了冰墩墩和雪容融的故事。

冰墩墩和雪容融冬奥会结束后就分开了，它们思念彼此。冰墩墩想跟雪容融说悄悄话，可它不会使用电子产品，怎么办呢？

一听到要讲悄悄话，就有学生说写在纸上传给它。

"可以写纸上，但不是传给它，而是寄给它。"我接着他的话补充。

引入正题后，我出示了信封。

我说："写的悄悄话要装进这个信封里寄给好朋友，现在还缺少一张邮票。"

"邮票？邮票是什么？长什么样子？"我听到了同学们的疑问，带着这些问题我们继续上课。

我展示了相关图片，轻松解决了孩子们对邮票的疑问。

“有了邮票，我们就可以将它贴在信封的右上角，之后把信封交给邮递员叔叔，信就会送到你思念的人手里。”

最后，我展示了信封。

“原来邮票贴在这个位置。”

“寄信是这样的呀，我学会了。”

“我要回去告诉爸爸妈妈我学会了怎么使用邮票。”

学生的兴奋之情溢于言表。

片段二：各抒己见

我问：“有了网络之后，人们的联系更加便捷，写信的人越来越少，邮票会不会慢慢消失呢？”

一瞬间，所有学生端端正正地坐着，眼睛里充满了疑惑与期待，等着我给答案吗？不不不，我要听他们的想法。看我久久没有说下去的意思，他们坐不住了。

“我觉得会消失，因为打电话更便捷，我身边都没人写信呢。”

“不会消失，我在电视上看有些地方还是很贫穷的，没有电，所以在落后的地方还是要靠寄信。”

“我也觉得不会消失，因为有些话打电话或视频不方便说出来，还是写信最好，可以说秘密。”

“不会消失，我家里就有几枚邮票，我爸爸说可值钱了。”

学生们讨论后，一双双期待的大眼睛看着我，你们是希望我肯定你们的想法吗？不不不，我没有确切的答案，你们自己找吧！

我问：“从这些图片中你发现了什么？”

生1：“邮票上有我们南京的风景，有南京长江大桥、秦淮河。”

生2：“还有龙，我们是龙的传人。”

生3：“还有长城，不到长城非好汉，我还听过孟姜女哭长城的故事呢！”

生4：“除了这些，我还在爷爷的集邮册里见过人物邮票，爷爷说他们都是伟人、是英雄。”

学生争先恐后地说着自己从邮票上看到的内容，看到他们在下面说得热火朝天，我觉得这些邮票的选择是正确的。我赶紧趁热打铁总结：“以前，邮票讲究的是实用性，而现在的人们更注重邮票的艺术性。邮票不仅包含了很多知识，还设计得很精美，很多人喜欢这种方寸之美，所以邮票也具有很高的艺术价值和收藏价值。同时，它也是文化的传播者。”

案例反思

回顾本节课，学生前所未有的投入。一节课下来，我深刻体会到，艺术教学不仅是教师引导学生学会自主观察，教师更应该关注学生，想他们所想，急他们所急。教师要深度挖掘教学内容的艺术价值，例如本课例的邮票，伴随时代的发展，邮票的实用性大大降低，它的文化传播与艺术价值更值得探索。

在教育这条长路上，我们需要不断追求和探索，让学生真正参与到美术活动中，体会不同艺术作品的魅力。

（执笔：马锐）

三、体现实施文化理解要求案例3（上元灯会教学案例）

传统遇到现代，点亮灯彩之美

案例背景

上元节又称元宵节，是我国的传统节日之一。独具传统特色的秦淮灯彩一直深受南京的孩子们喜爱。秦淮灯彩历史悠久，有“秦淮灯会甲天下”的美誉。本次执教的上元灯会是基于这一文化背景，将传统美术知识与现代手工技能融合的课程，本次课程的授课对象是高年段的学生，他们的认知能力和动手能力相对较强，但运用现代工具来表现独具特色的灯彩存在一定的困难。

案例描述

片段一

教师播放上元节视频并提问。

师：同学们，上元节的习俗丰富多彩，你知道哪些？

师：赏灯是上元节的习俗，你在哪里观灯、赏灯？

生：老门东、夫子庙。

师：你喜欢哪种造型的花灯？

生：兔子灯、荷花灯、生肖灯等。

教师小结：元宵节又称上元节，是中国的传统节日之一。上元节有许多传统习俗，如吃元宵、赏灯、猜灯谜……它经历了由宫廷到民间，由中原到全国的漫长发展历程。

《义务教育艺术课程标准（2022年版）》强调加强中华优秀传统文化的教育，引领学生在健康向上的审美实践中感知、体验和理解艺术。面对文化底蕴浓厚、历史悠久的上元节文化，老师既要在教学中突出花灯的审美性、情感性、趣味性，又要让学生在轻松愉悦的节日氛围中了解花灯的历史和文化。

在导入部分，教师播放了一段上元节习俗的视频，学生通过教师所创设的文化情境联系自己的生活经验，回忆跟父母一起去老门东和夫子庙等地欣赏秦淮花灯的情景。围绕教师提出的问题，学生畅所欲言。接着从赏灯的场景和花灯的造型入手，学生回顾自己的所见所闻，归纳花灯的不同造型，有兔子灯、荷花灯、宫灯等，该环节是为下一阶段探究花灯的造型特点进行铺垫。

片段二

首先，欣赏兔子灯、荷花灯实物。

师：请大家仔细观察传统花灯，你们知道制作一盏传统花灯有哪些步骤吗？

学生总结归纳花灯的制作步骤：扎骨架、做灯身、挂提手、系灯穗。

之后，探究学习花灯骨架的相关内容。

师：大家知道民间艺人是用哪些材料来扎花灯骨架的吗？

生：用竹篾、铁丝等材料。

师：你能用这些工具制作花灯的骨架吗？

生 1：用竹篾和铁丝来扎骨架太难了。

生 2：我们可以用其他材料来尝试做一盏花灯。

师：我们身边有哪些可以用来搭骨架的材料呢？

生：一次性筷子、皮绳、胶枪等。

教师小结：看来，想要制作一盏传统花灯是极具挑战的。有几位同学提出了一些新的想法，我们不妨在身边寻找材料，尝试从简单的花灯入手，搭一个简单的花灯骨架，为下一环节设计花灯图案做准备。

本环节是学生探究学习的重点。想要做好一盏花灯，最重要的是搭骨架，传统灯彩的骨架常用竹篾、铁丝作为原材料，经过劈、锯、削、剪等工序制作，这对于同学们来说有一定的挑战。教师展示秦淮灯彩中的荷花灯和兔子灯，引导学生观察花灯，归纳传统花灯的制作工序，而后学生探究扎骨架。

传统花灯的制作技艺需要传承，但推陈出新也必不可少。想要学生在一节美术课上学会这一技艺是极具挑战性的。学生通过观察与思考，选择生活中常见的一次性筷子来制作花灯的骨架。该环节的创设，激发了学生的热情，提高了学生的学习兴趣。在互动中自主生成课程，学生体验到了传统与现代并不是对立的两面，搭骨架可以是铁丝、竹篾，也可以是一次性筷子，材料虽然在变，文化内涵却没有变。

片段三

首先，欣赏不同的花灯骨架图片，让学生了解花灯骨架有三角骨架、六角骨架等类型。

其次，尝试练习，以小组为单位，运用身边的工具材料来搭骨架。

之后，展示评价并提出建议。

学生展示小组搭的骨架，教师引导学生发现骨架的问题并提出解决建议。如有的小组搭的骨架摆放不稳，有的小组搭的骨架上大下小……教师提出建议后，小组继续完善花灯的骨架。

最后，学生以小组为单位设计花灯的图案，如动物、植物、诗词等。

教师想要激发学生对传统灯彩文化的兴趣，可以让他们体验制作一盏花灯。在练习时，我发现每个小组的学生都能尝试搭建花灯的骨架，但是在搭骨架的时候也会出现一些小的问题，如骨架搭得不牢、上大下小等。

在作业展示评价时，不同小组的学生出现的问题是不一样的，教师可以有针对性地选择几盏花灯的骨架，引导大家根据本组的练习经验，探究这些问题出现的原因并提出解决方案。如针对花灯骨架搭得不稳的问题，学生可以尝试将一次性筷子同一方向保持在同一层；关于骨架上大下小的问题，学生可以试着先做花灯的上下两个面，再完成侧面的搭建……之后，学生尝试调整本组的花灯骨架，在此基础上进行花灯图案的设计，完成一盏独具特色的上元花灯。

案例反思

本课在教学环节设计上环环相扣，趣味与知识相结合。南京的学生对秦淮灯会并不陌生，要想制作一盏富有现代特色的花灯，教师要尝试引导学生对灯彩文化有更多认识，让学生带着自己已有的知识、经验、思考来参与课堂活动。

（执笔：王婷）

四、体现实施文化理解要求案例4（鱼文化教学案例）

基于文化理解的主题式美术课程整合教学

案例背景

《义务教育艺术课程标准（2022年版）》指出，要深入挖掘、充分利用体现中华美学精神的艺术资源、美育资源，将丰富多样的优秀艺术资源与艺术课程教学有机结合。要强化思想性与艺术性、实践性与创新性、民族性与世界性等的有机统一。

鱼的艺术表现在中国传统文化中占有很重要的位置，从日常生活到传统节日，人们对理想的追求和对美好生活的向往多寄托在鱼的身上。本案例在考虑学生已有经验、兴趣和需要的基础上，丰富学生对鱼文化的理解，让学生在艺术课程整合中提升核心素养，树立正确的历史观、民族观、国家观、文化观，尊重文化多样性，增强文化自信。

案例描述

刻板印象"哥斯拉"

在《海洋世界》一课的导入部分中，教师通过生动的海底世界视频向学生介绍了海底的生物，从学生的神态与赞叹声中能感受到他们对海洋动物的热爱。海洋中有很多鱼，各种热带鱼的图片为《做做海洋生物》一课积累了大量的创作素材。

在上《海洋怪兽》一课时，我问学生能联想到的海洋怪兽是什么，我以为他们会回答在绘本、报纸中看到的形象，没想到大多数学生冒出了"哥斯拉"，并且只能想到"哥斯拉"。在随后的创作中，虽然我带学生进行了大量的作品赏析与示范，但是学生对“哥斯拉”情有独钟，很多男生的创作很固执地保持了“哥斯拉”怪兽风格：尖锐的轮廓、浓重暗沉的色调、刻板又生硬的线条……

与鱼对话

我向同学们解释，电影经典形象设计的成功，离不开大胆想象与独具风格的造型设计，设计师的创造能力与想象力值得我们借鉴，但是过于经典的形象有时反而会局限我们的思维。联想到四年级学生最近流行传阅《山海经》，我调整了课程。我将《山海经》中描绘的一些上古“海洋神兽”图片展示给学生看。如文鳐鱼，形体像鲤鱼，有鸟翅，头白红嘴，能在海中游，也能在夜里飞翔，吃了可以治疗癫狂，见了有丰收的吉兆；还有一种怪鱼，也是各种动物的组合，这种鱼长得像牛，住在山上，有蛇尾与翅膀，还能在冬季死亡而复生，服食它能够消肿。听了我的讲解，大家沉浸其中，在感叹古人天马行空的想象力的同时，更被这本上古社会生活的百科全书深深吸引了。学生问：“老师，我们还可以再看看其他的鱼怪兽吗？它们好奇特呀！”《山海经》中的鱼类形象怪得独具特色，学生们在欣赏后，发出这样的赞叹：“老师，古人的想象力真丰富啊！”有的学生说：“古人画的鱼造型更优美，线条更灵动。”还有的学生说：“老师，这些鱼配上传统纹样就是一只吉祥的怪兽呢！”我想，有的时候并不是学生不喜欢中国传统文化，而是他们了解得不够多，作为老师，我们更应该在我们的课程中多给学生灌输优秀的传统文化，增强学生的文化自信，让学生在艺术活动中了解传统文化。

梦回汉朝，再续鱼缘

新学期，我接到上公开课的通知，想到快要过元宵节了，我计划利用南京本地的秦淮灯会对学生们进行一些思想上的熏陶，结合上学期孩子们对鱼文化感兴趣，我最终确定了鱼灯的课程。

鱼灯这一课的重点虽然在装饰上面，但是为了学生能学会制作，我还是让他们了解了制作的步骤，以便他们可以在课后进一步加工。为了教学生，首先我得自己真正学会做鱼灯。我买了竹条、铁丝、医用胶布、生宣纸、糨糊等材料，先从搭骨架开始，搭鱼的身体结构，我边用蜡烛烧制定型，边用胶布、铁丝捆绑，将鱼分为鱼头、鱼身、鱼尾、鱼鳍几个部分，一步步、一节节搭建。随后，我又进行了糊纸、晾干等步骤。在糊纸的过程中，生宣纸数次破掉，其中鱼鳍和鱼嘴的部分特别难糊。晾干后，我用丙烯颜料上色、修饰，之后鱼灯就制作完成了。在传统鱼灯的制作过程中，我感受到了手艺人的不易，也体验了美妙的手工制作以及制成之后满满的成就感。

做好鱼灯之后，我非常有底气地告诉学生，只有自己亲身体验过这个非遗手工的过程，才能切身感受鱼身体的各个部分以及它灵动的身体结构。在教学当中，让学生在一节课中制作完成鱼灯显然是不切实际的，我想到了学生们“变废为宝”的本领，于是，我号召他们用废旧塑料瓶进行改造。对比塑料瓶和鱼的身体结构，可以将塑料瓶切割成三段，由于鱼和人跳舞的动态相似，人跳舞时头、脖子、身体都可以动起来，鱼也需要更加灵动，我想到再拿另一个矿泉水瓶进行分割，做鱼的尾部，之后再用塑料做鱼鳍和鱼尾。解决了学生的作业材料问题，衔接鱼的各部分也是关键，绑铁丝不能太紧，太紧动不了，也不能太松，松了容易脱落。在衔接时要注意用铁丝对准瓶子的孔眼，拧成结后固定，以确保鱼灯雏形的灵活。这个过程锻炼了学生的动手能力，也让他们初步感受到了鱼的身体的灵动性。

因为糊纸步骤要进行晾干，需要较长时间，所以我直接为学生提前准备好了纸。一切准备就绪，学生要利用自己在美术课上学的知识来装饰鱼灯了。他们要先从鱼本身的纹样入手，去大自然中的鱼身上寻找灵感。我让学生总结鱼身上五彩斑斓的色点，粗细、曲直、疏密不同的线以及形状不同、大小不一的块面，鱼能如此巧妙地运用点线面装饰自己的身体，更何况是我们当代的小学生呢？在中国传统文化中，有很多点线面组成的图案成了固定纹样，我带领学生一起回顾传统纹样，尝试将纹样装饰在鱼灯上，使鱼灯更加美观。

到了衔接阶段，在初步尝试衔接的时候，很多学生已经将鱼灯衔接得非常灵动了，但是还有部分动手能力不强的学生，不知从何下手。在装饰鱼灯时，很多平时绘画技能非常好的孩子却一时不知如何在瓶身上配色、如何用点线面塑造纹样了，而有些平时在画画上表现得一般的孩子反而能运用一些复杂、变换的传统纹样进行装饰。

作为公开课，本节课设计的初衷是在传承传统的、地方的民间文化艺术方面做一些主动而积极的尝试和探究，给教学提供更多选择和可能，当然，本课需要反思的也更多，还要再打磨。

中华文化有诸多瑰宝，中华文明璀璨夺目，我们的美术课堂教学在传承中华文化方面承担着重要的责任。我们要培养学生健康的审美情趣，提高学生的审美素养，用大美浸润孩子的生命土壤。

“鱼＋X”的无限可能

鱼是民间传统装饰图形的重要组成部分。

上万年前，人类的祖先就在岩壁上描绘过鱼的形象。鱼在中国传统文化中占有很重要的位置，从日常生活到传统节日，人们对理想的追求和对美好生活的向往经常寄托在鱼的身上。鱼的装饰艺术涉及很多方面，它在诸多艺术门类中涉及的题材与形式也最多、最广泛。从原始社会的陶到明清的瓷器，在历史的长河中，每个时期的鱼的艺术表现形式都有所区别。

在富有美好寓意的鱼文化背景下，结合学生对美术教材中海洋世界、海洋怪兽、鱼的喜爱，我在校内以美术组为核心，联合其他学科组教师一同研发课程体系，教师们通过学习、研讨、实践，创造性、个性化地研发了适合学生学习的美术整合课程，整体协同提升了学生的文化理解水平。

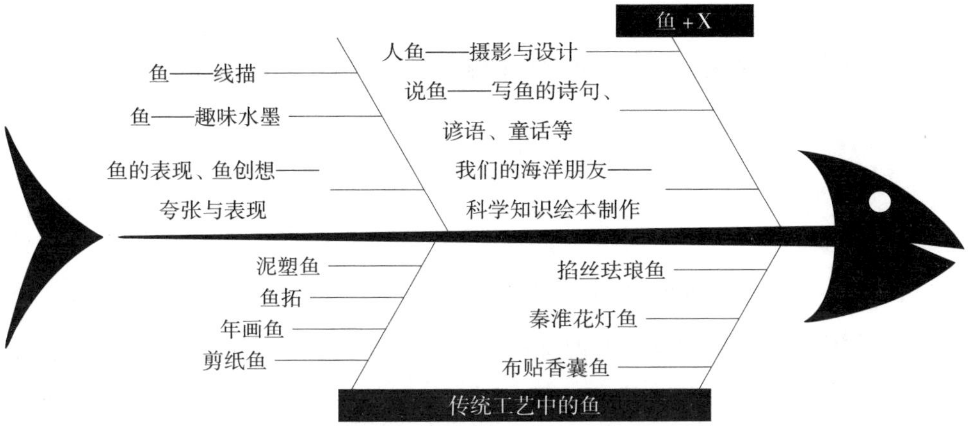

案例反思

首先，主题整合，实现育人目标。

作为实现育人目标的重要载体，课程在内容选取和设计时尤其要关注学生成长与社会问题，帮助学生在真实生活情境中学习并运用相关的知识、技能。教师可以选择有研究意义的主题，以议题的形式统整课程内容。

在主题的选择上，教师要结合课程标准中美术学科核心素养的要求，选择贴合学生兴趣、与学生生活息息相关的主题，使学生对主题有认同感，鼓励学生多维度参与。

其次，纵深梳理，促进深度理解。

根据课程标准，教师可对现有教材进行适当补充、替换、调整，使学生在学习的过程中获得更多知识。教师可以对主题中的内容、门类、元素、审美原理等进行梳理，根据学生的需求、教师的专业特色、学校的资源配备等对现有课程进行整合，促进学生深度学习、深度理解，使学生在议题式艺术课程中感受传统文化之美，学会尊重文化多样性。

（执笔：高涵）

五、体现实施文化理解要求案例 5（绳文化教学案例）

传承与发展——“生活化编绳”走进小学美术课堂

案例背景

目前，对学生进行全面素质教育已经成为广大家长和教师的共识。小学美术是担负美育教育职能的学科，它的教学工作可以通过美术课的形式实现，美术教师可以整合生活化课程资源，开展编绳活动，满足学生个性化、多样化的发展需求。只有保证了课堂教学的质量，才能有效地培养学生的艺术才能和兴趣。切实提高美术课堂教学质量，有利于促进教育资源的公平分配，促进艺术教育快速发展。编绳是我国的传统民间工艺之一，它历史悠久、技法多样，实用性和艺术性都极高。在国家大力弘扬民族文化的今天，我校开展了编绳课程的实践研究，目的是让学生了解编绳艺术，继承和发扬民族传统文化，通过编绳活动提高手的灵活性，培养学生专心、耐心、细心的良好品质。

案例描述

上午第四节课，我带着事先准备好的各式各样的彩色手绳从办公室走向教室，刚进去，五颜六色的手绳就吸引了同学们的注意，他们看着我手里的手绳，眼神里充满了期待。

“这是什么呀？”“哇，这些绳子好漂亮啊！”“我知道，我知道，这是用好多彩色的绳子编出来的手链，不仅可以绑在手上，还可以编项链！”“我妈妈也有这个，是她自己编的，我妈妈的那条上面还有很多漂亮的珠子呢！”……还没等我说话，孩子们就七嘴八舌谈论开了。

我问：“小朋友们，大家安静一下，你知道再过几天是什么节日吗？”

“端午节。”小王同学大声说。

我说：“对啦，一年一度的端午节快到了，端午节有很多习俗，其中一个就和老师手中的彩绳有关，只是我们不编蛋兜，改编小挂件。我为每个人都准备了彩绳，所以大家不用担心没有材料。”孩子们开心极了。我接着说：“在开始上课前我先强调几点。首先，编好的绳挂件很漂亮，但是编的过程很有挑战性，需要手、眼、大脑相互配合才能编好，学习起来有一定的难度。这个小挂件上的结是用平结的方式制作的，平结的编织是必须要掌握的。为了便于大家理解，老师特意准备了教学视频。第二，同学们跟着视频和老师的示范学习，一定要多一些耐心。”

说完，我就正式进入了平结小挂件的教学。本节课的主要任务是带领大家了解一些编绳的基本知识和中国传统文化中绳结的寓意，在播放教学视频、教师示范结束后，我就让同学们动手尝试编绳。

“请同学们按照视频里的步骤进行练习！”

五分钟后，我突然听到了哭声，班上顿时静了下来，所有的眼神盯着一个人——小蒋同学！

看着她手里乱七八糟的绳子，我瞬间明白了她哭的原因，再看看其他同学的进度，我发现，一节课快结束了，学会的人寥寥无几。

课后，我针对课堂上出现的情况进行了总结。我发现两个关键问题：第一，光靠教师集体授课，孩子学会的可能性很低；第二，对于这个年龄段的孩子来说，学习编绳是有很大难度的。

我想起小杨同学说，他妈妈会编这个。我立刻有了一个想法：可以找会编绳的家长到班里来当家长助教。说干就干，我在家长群中招募编绳助教，有七八个家长报名，这样就解决了第一个问题。接着，我召集组内的老师们一起探讨，看有没有更简单的编绳方法，我们想到了编小口诀。通过一起查阅资料，深入学习，我们编出了针对学生的认知水平的平结小口诀：“左线右折压轴线，右线压左向后转，两线腋下向前穿，左右拉紧一结完。”

很快，我们迎来了第二节课。我请来了家长助教，在教师示范环节，一句口诀加一个动作教孩子们，孩子们理解了口诀的意思之后，便开始对照着口诀尝试练习，编错了就拆掉再来，一遍又一遍，课堂中少了很多嘈杂，多了一些宁静。很快就有七八个学习能力强的孩子学会了，之后学会的小朋友教暂时还不会的小朋友，一节课下来，一大半人都学会了，我内心充满了喜悦，也对以后开展编绳课程有了充足的信心。

案例反思

首先，挖掘身边事物，培养学生健康的审美观。

编绳来源于生活，是人类最古老的手工艺之一。在小学美术教学中，教师在传授最基本的编绳技巧的同时，还可以通过编绳来培养学生的艺术素养，提高学生的艺术创造能力。

其次，学生的思维能力、想象能力各不相同，教师的引导有利于学生形成正确的审美观，提高学生判断对错的能力。在具体的教学实践中，教师要从多个角度对学生进行指导，重点是对学生进行正确的审美教育。比如教师可以播放编绳相关的影像资料，使学生对编绳有直观的认识。此外，教师还可以组织同学进行手工装饰或带领同学进行班级环境的装饰，这样的教学方法能有效地引导同学积极主动地进行课堂知识的学习，在营造良好的学习氛围的同时，也可以有效地锻炼和提高学生的审美能力。还可以结合节日主题开展创意编织活动，在母亲节、重阳节组织学生编织制作花朵送长辈。

再次，运用探究方法，提升学习自信。

在美术课堂教学中，教师要尊重学生的生活经验，引导他们通过实践活动展示自己的才能。教师要鼓励学生参与实践活动，通过舞台设计、美化教室等活动提升动手能力，鼓励学生将自己积累的知识运用于课外活动之中。教师要尊重学生的情感体验，不能一味灌输知识，要将学习的主动权交还给学生，引导他们积极融入活动之中，去感受、体验、操作。在美术教学中，教师要开展丰富的实践教学，让学生能借助教师提供的多样材料，运用积累的探究方法去解决生活问题。

最后，全面立足日常生活实施美术教学。

生活是艺术呈现与艺术创造的依归。在美术教育里，教师借助生活化思路可以让学生潜心融进学习美术的过程中。教师在课堂教学实践中，可以引导学生深入生活，近距离地观察生活，感受生活之美。

（执笔：赵洁）

六、体现实施文化理解要求案例 6（扇文化教学案例）

清风徐来　意韵团扇

案例背景

《义务教育艺术课程标准（2022 年版）》中指出，文化理解是艺术类学科的核心素养之一，文化理解的培育有助于学生在艺术活动中形成正确的历史观、民族观、国家观、文化观，尊重文化多样性，增强文化自信。团扇是蕴含我国传统文化的一种艺术形式，造型精美、寓意美好的团扇是实用与艺术的完美融合。在核心素养的大背景下，以团扇文化为载体，挖掘团扇的艺术价值，在课堂实践中不断浸润、提升学生对不同文化的理解，有助于传承和弘扬中华优秀传统文化，达成文化理解的培育。

案例描述

首先，追本逐源，建立文化认知。

认知是文化理解的第一个阶段。教师以实物和视频为学生创设情境，结合团扇的发展历史，让学生结合生活知识去深入了解不同时间段团扇的发展形态与实用功能，理解文化的产生与社会发展的关联。

片段一：实物欣赏，触摸团扇之美

师：同学们，炎炎夏日，你们用什么来扇风纳凉呢？

生：电风扇、空调、扇子……

师：我们的祖先是用什么纳凉的呢？今天，老师给同学们带来了一个祖先发明的纳凉小礼物，大家快打开自己的礼物盒看看是什么吧！

生：团扇！

师：团扇真漂亮呀，同学们可以扇一扇团扇，看看有什么感觉。

生：真是轻盈又小巧，扇出的风也很清凉，拿在手里扇了好一会儿也不觉得累。

师：请同学们观察自己手中的扇子，从外形、图案等方面描述一下你的扇子。

生：我的扇子是圆形的，上面有几朵漂亮的牡丹花，颜色非常好看！

生：我的扇子形状更像芭蕉叶，上面装饰的是人物画。

师：同学们都发现了，这些扇子几乎都是接近圆形的，因此它们被称为团扇。团扇有团圆吉祥的寓意，扇面都装饰有精美的图案，扇柄还有漂亮的饰品，团扇真是实用与艺术的完美结合呀！

团扇是实用与艺术相结合的产物。教师可以组织摸一摸、看一看、扇一扇等实践活动，让学生感受团扇的实用价值，体会团扇的真实美感，了解团扇的寓意与其造型之间的联系。

片段二：探寻古扇，了解团扇文化

师：请同学们走进扇文化博物馆，跟随博物馆讲解员了解团扇的发展历程，同时注意完成手中的知识问卷。（问卷内容关于不同时期的团扇的名称、功能、形状、制作材料）

师：请大家说一说，最早的扇子的形状、功能、名称和制作材料。

生：竹制的户扇是古代女子用来遮面的。

师：这把巨大的扇子叫什么？有什么功能呢？

生：障扇。

师：同学们请看，阎立本的《步辇图》中的扇子就是障扇，它的扇柄更大些，它是做什么用的呢？

生：这把扇子扇柄特别大，给自己扇风就不太方便了，我猜是给别人扇风用的。

生：图中拿着扇子的人站在座位后，扇面也很大，这种扇子可能是装饰用的。

师：是的，这把扇子可不一般。巨大的扇面和长长的扇柄不太适合扇风，它是古代贵族或者宫廷专用的仪仗扇，多是用羽毛制成。图中帝王身后有执扇宫女，凸显了帝王的身份地位。

师：团扇还有哪些名称和作用呢？

生：团扇又称合欢扇或宫扇，古时女子出嫁的时候有“却扇礼”，女子以团扇遮面。

生：团扇小巧可爱，上面有一些有吉祥寓意的图案。

生：团扇多用竹制作边框，扇面多用绢丝制作，图案有刺绣的也有画上去的，扇柄有竹子、象牙等多种材质。

生：这把宋代时期的团扇上画的是梅花，我猜这是一位年轻的女性使用的扇子。

生：宋代时期的这把团扇上面写了非常漂亮的书法，还有可爱灵动的鸟儿。

师：同学们非常敏锐，这些是宋代时期的团扇。宋代制扇业发达，团扇已经不是象征身份地位的工具了，当时不管男女，都把执扇当作一种审美风尚，这时候的扇子趋向于装饰品。

师：《桐荫玩月图》描绘的是一位仕女执扇静静地看着孩童玩耍，画面有一种静谧的感觉，当时团扇已经成为人们生活中不可缺少的一部分。

在课堂教学中，教师以视频讲解的形式，生动地向学生展示团扇的发展历史。结合知识问卷，教师引导学生有目的地欣赏视频，欣赏团扇和书画作品中的团扇图案，引导学生细心观察扇子的形状、材质、大小、扇面图案和使用方式，大胆猜测扇子的用途，沿着历史发展的脉络，感受扇子随着使用者使用方式的变化产生了不同的造型和功能，体会团扇的功能演变，理解团扇文化的演变，理解实用和艺术与人们的生活息息相关。

其次，深入赏析，领会文化追求。

扇是生风的工具，后来渐渐成为人们装饰和展示自我的艺术品，扇面的装饰愈来愈精美，展现出独特的艺术审美。两宋时期的团扇绘画是宋代绘画中非常特殊的艺术形式，形制不同于以往的鸿篇巨制，而是以小尺寸的团扇为载体。北宋时期的文人画追求诗书画印一体，因此宋代扇面画的典型特征是追求意境。

扇面画篇幅不大，小巧精致，因此多选取景物中的局部进行描绘，这样的构图方式可以有效突出画面的重点，画面也显得更加简练。扇面花鸟多采用折枝花卉的表现形式，采用斜角线构图或三线构图，这样的构图使画面中的事物能相互呼应，画面充满无限韵味。留白是中国画的一大特点，适当留白可以使画面意境更加丰富，赏析环节对此类作品有细致分析。

片段三：方寸间的艺术——精彩纷呈的扇面画

师：欣赏两宋时期的团扇画，说一说你看到了哪些扇面绘画内容。

生：荷花、茉莉花、蝴蝶、人物、大树、石头、小动物……

师：团扇画的题材主要有人物、山水、花鸟和动物，这些精美的扇面画与宫廷贵族使用的团扇已经大不一样，我们来对比一下它们的区别。请同学们欣赏《橘绿图》。

生：扇面中画的是橘子树的树枝，上面有几个圆润的橘子。

师：是的，扇面中的橘子和树枝只是这棵橘子树的一小部分。南宋时期以花鸟为主题的扇面画，其表现形式多数为折枝花卉，有一根小小的树枝从画面左上角垂下来，上面坠了一两颗圆润饱满的果子，这就是三线构图中的主线。画面中还有其他树枝吗？

生：有！旁边还有一根比较短的树枝，上面也有橘子。

师：对，这根比较短的树枝其实是画面中的辅线。主线和辅线一般不交叉，但是会向着一个方向延伸，彼此呼应。

生：旁边还有一根非常短的树枝，斜着垂下来和主线交叉了。

师：这是破线，它负责打破画面的僵硬感，使画面更加生动活泼。同学们，我们绘画的时候可以适当留白，留白增添了画面的意境。

师：橘子有团圆的寓意，图中的橘子汇聚在枝头，画面充满了活力与生机，也隐喻了作者对生活的美好祝福、对团圆的美好期待。

师：扇面画中的山水画别具特色，南宋画家创作山水画时非常善于剪裁、布势，最具代表性的是马远和夏圭所创的“一角”和“半边”的构图方式。让我们一起来欣赏夏圭的《松溪泛月图》和马远的《柳溪钓艇图》。

生：《松溪泛月图》中有一棵松树，远处有一艘小船，船上有四个人，远处有一轮小小的明月，画面其他地方都是空白。

师：是的。画面中的空白表现出了无边无际的河流和茫茫的夜空，画面表现了宁静的夜空下几位好友泛舟赏月的景象，从画面中可以感受天地融为一体、宁静悠远的无尽美感。

生：《柳溪钓艇图》描绘了水边的岸上有一棵柳树，远处的树和山都比较朦胧，一只小舟泛于湖上。

生：感觉岸边郁郁葱葱、生机勃勃，远处山脉绵延，像南方的清秀山水，非常漂亮。画中人泛舟、钓鱼、欣赏美景，真是幸福。

师：说得很好，作者同样留出了大量空白使人遐想天空与江水，画面意境空灵，使观者感到无限的宁静。

师：南宋团扇中的绘画作品是画家们表达自己内心的美好期待的工具，也是画家寄托自己思想境界的工具，画家以草木、山水、花鸟进行比喻，把山水当作抒发自己思想的载体。团扇虽小，却展现了极大的实用价值和艺术价值。

最后，创意制扇，传承文化精神。

扇面绘画是团扇的精华，教师在带领学生了解团扇传统文化的同时，选择适合学生创作的扇面画主题也非常重要。二十四节气是我国传统文化的重要组成部分，它指导了农耕生产，包含了丰富的民俗事项。二十四节气与人们的生活息息相关，选择节气习俗作为学生创作扇面画的主题，能使扇面画形成系列课程，有利于学生体会团扇文化、学会扇面画的绘画技巧、提升绘画技能和审美能力，也有利于将扇文化与传统民间习俗相结合，传承中华优秀传统文化，提升学生的民族文化自信心。

片段四：节气入画，创作特色团扇

师：团扇不仅能带给人们清凉，寄托人们的情怀，也能装饰美化我们的家，很多人收藏扇子给生活增添趣味。老师今天想用二十四节气作为扇面装饰的主题，请大家完成一柄富有诗意的精美团扇！

师：首先，我们来了解一下二十四节气中的立冬吧！我们来看立冬节气小知识视频，请同学们说一说，你知道的立冬节气的相关知识。

师：满树叶儿空，深秋柿子红。立冬时节也是柿子大范围成熟的时候，人们常在立冬摘柿子、晒柿子、将柿子制作成各种美食。可爱圆润的柿子不仅好吃，还蕴含着人们对生活的美好祝福。在湛蓝的天空下，柿子挂满了枝头，像极了节日里的红灯笼，洋溢着丰收的喜悦。今天，老师想以柿子为素材，以团扇为媒介，展示这立冬的美景。

师：今天，我们用超轻黏土来装饰扇面。超轻黏土不仅便于塑造形体，颜色也非常丰富，能制作立体和半立体的作品，是一种可塑性非常强的材料，我们用它表现半立体的柿子，画面会更有质感。

师：首先，用棕色来制作树枝，运用国画三线构图中的下垂三线构图法来构图，并注意不同树枝的形态变化。其次，添加树叶，注意树叶的颜色、形态、大小的变化。之后，用红色、黄色、橙色来制作柿子，关注柿子的大小、形态、颜色的变化。最后，用勾线笔添加"'柿柿'如意"或者诗句，再添加姓名章完善画面。

本节课以二十四节气中的立冬作为创作题材，以立冬节气的柿子作为创作素材，降低学生创作传统绘画的难度，运用宋代扇面画技法折枝花卉和三线构图来创作，创作的过程是对团扇文化的艺术价值和人文内涵的感悟和阐释的过程。

案例反思

文化理解是对特定文化情境中的艺术作品的人文内涵的感悟、领会、阐释能力。人文主要指文化历程中的精神文化层面，是人类在社会实践及意识活动中长时间孕育出来的价值观念、审美情趣和思维方式。在新课标中，文化理解是艺术课程的核心素养之一。培养学生的人文素质、审美情趣和品格是我们每一位艺术教育工作者的重要任务。

传统意义上的美术课堂教学更加注重美术技能和技法的训练，而人文培育与课堂实践的结合需要更多的创新与实践。中华文化源远流长，有灿烂的艺术文化和人文内涵，从中华传统文化中寻找优秀的艺术形式，制定可实施的教学策略，可以实现文化理解的培育。

（执笔：王韵茹）

七、实践反思

《义务教育艺术课程标准（2022年版）》指出，审美感知是艺术学习的基础，艺术表现是学生参与艺术活动的必备能力，创意实践是学生创新意识和创造能力的集中体现，文化理解则以正确的价值观引领审美感知、艺术表现和创意实践。《新版课程标准解析与教学指导》一书指出，过去的美术课程与文化生活之间并没有形成一个明确的关系意识，现在的美术课程则以自觉的态度走进了文化与生活。这主要是基于以下几方面的原因：关注文化与生活是世界美术教育改革的一种趋势；通过关注文化与生活，拓展美术课程的教育功能；促进美术课程教学内容与形式的改革……

注重各类文化知识与美术教育的深度结合，是《义务教育艺术课程标准（2022年版）》的重要指导方向之一。传统、科学、地域、历史、美术等几方面的文化知识的融合，能使学生学习更加立体、丰富、有生命力的美术，这对激发学生兴趣、提高学生的科学素养有非常重要的作用，这也是在美术学科素养中把文化理解安排在最后一环的用意所在。案例1是在美术教学中着力文化理解的有效实施的探索，期待它为广大美术教育工作者起到抛砖引玉的作用。案例2从《你会设计邮票吗》一课出发，加强学生对邮票文化知识的理解与学习，强调邮票不仅具有实用性，也具有一定的艺术性。邮票不仅包含了很多人文知识，也具有艺术美，教师选择了与南京有关的内容作为邮票设计的主题，引导学生认识邮票的设计内容选择的经典性。案例3中，教师结合校园上元灯会的教学课例，围绕传统的上元节，结合南京的秦淮灯会，创设了一系列文化情境，引导学生赏灯、做灯、玩灯、猜灯谜等，将这一古老的民间美术文化瑰宝通过美术教学传承和发展下去。案例4通过鱼文化教学案例，将《山海经》中描绘的一些上古“神兽”展示给学生看，让学生领会古代人的想象力和创造力，接着通过花灯制作，带领学生了解鱼的图案纹样运用是非常广泛的，这不仅因为鱼是人们的美味佳肴之一，还因为“年年有余”的谐音和鱼的繁殖能力强的特色，最后总结出鱼形结构图，体现了传统鱼文化的丰富多彩。案例5中，教师以绳文化教学案例结合端午节带学生学习彩绳编织，教师传授了基本的编绳知识和中国传统文化中绳结的寓意，学生的学习兴趣非常浓厚。案例6围绕扇文化教学案例，探寻古扇，了解团扇文化，引导学生领会扇文化。以上6个案例都较好地反映了传统文化中的艺术特色。

传统文化融入小学美术教学的探索与实践，将传统文化渗透到教学的各个环节，真正让文化理解起到引领和带动作用，让文化自信在教学中生根、发芽、枝繁叶茂。发挥优秀传统文化的润泽和感化作用，增强学生的文化自信，达到立德树人的教育目标。

（执笔：张屹）

第三章　如何提升造型和设计能力

《义务教育艺术课程标准（2022年版）》指出，艺术课程内容以“欣赏（欣赏·评述）”“表现（造型·表现）”“创造（设计·应用）”“联系/融合（综合·探索）”四类艺术实践为统领，涵盖具体的学习内容，通过分学段设置不同学习任务，将学习内容嵌入学习任务中，以结构化的方式整体呈现。“表现（造型·表现）”在四个领域中起到基石的作用，它是“欣赏（欣赏·评述）”的延续，是“创造（设计·应用）”的前提，是“联系/融合（综合·探索）”的基础。美术又被称为造型艺术，提升美术造型能力在美术教学中有重要地位。设计应用是造型表现的发展，是建立在造型表现基础上的应用能力，也是解决实际问题的重要适用能力。我们的生活离不开设计，没有设计就没有我们需要的产品，随着我国美术设计水平不断提高，我国产品的美观度、适用度和时尚度也随之提升。提升学生的造型和设计能力是每一位美术教师的教学重点之一，本章的六位教师用节选案例的形式，阐述自己提升学生造型和设计能力的教学方法，希望对大家有所启发。

（执笔：赵秋菊）

一、体现提升造型和设计能力要求案例1（《美丽的盘子》教学案例）

借助景观资源，提升思维发散能力

在小学美术教学中，培养学生的想象力和创造力一直是教师的重要任务。目前，有相当一部分学生一听到老师布置绘画作业就一脸茫然，思索半天，最后草草了事，或者干脆模仿老师的范画。虽然有的学生能很好地“复制”老师的范画，但不管是草草了事还是直接画范画，都缺乏想象力和创造力。新课标中的核心素养包含创意实践，就是运用多学科知识紧密联系现实生活进行艺术创新和实际运用的能力。一年级是最容易培养发散思维、激发想象力和创造力的年段。由此，我尝试借助本地乡土景观资源，通过多样化的创作形式指导学生绘画，培养学生的发散思维，从而激发学生的想象力和创造力。在美术教学中，多样化创作形式是优化学生美术创作的必要手段，多样化创作形式能让一年级的孩子轻松踏上绘画之旅。

教师以家乡的一处景观是用盘子作为装饰导入盘子，带领学生在小小的盘子中发现美、欣赏美，再引导学生观察生活，在观察中思考，从而发现生活中的美，在小盘子里体现大景观。

首先，设疑激趣，发现方法。

创意实践包括营造氛围、激发灵感。想要提升创造力，美术课就要有一个吸引学生的导入。我先带领学生欣赏家乡的景观资源，再对比我们的美术教室，提出教室有点单调，除了黑板报没有任何装饰。我提出，可不可以试试用这些景观中的盘子来装饰教室呢？有学生提出用剪纸创作盘子元素。紧接着，我提问普通盘子和有元素的盘子哪个更适合装饰，从而引起学生的共鸣，再让学生当教室的主人，装饰自己的教室。自己当设计师让学生很兴奋，他们对接下来的课程更有兴趣了。只有营造了学习氛围，激发了学生的兴趣，学生才能更好地运用家乡的景观资源进行多种形式的创作。

其次，欣赏古今，了解方法。

创意实践鼓励对创作的过程和方法进行探究和实验，生成独特的想法并转化为艺术成果。美术作品欣赏在美术课中是必不可少的环节，也是为接下来的创作进行铺垫。我带领学生欣赏了不同时期的盘子后，学生了解了盘子的文化及不同材质、形状、图案的盘子，感受了盘子的艺术美，后继学习就有了动力。欣赏是前提，方法是重点。在教学中，教师要多让学生自己发现创作的方法。我要求学生观察盘子，在观察中思考这个盘子的图案是用什么方法创作出来的。因为一年级学生的学情特点，他们不理解太专业化的词语，但是同龄人的作品可以让孩子们有共鸣，这样学生会更好地构思自己的创作。

再次，游戏体验，掌握方法。

游戏教学法是把游戏与教学巧妙地融合在一起，以游戏的形式教学，把知识性、趣味性和教育性融为一体，激发学生的学习兴趣，寓教于乐，从而使学生在轻松欢快的氛围中不知不觉地学到知识，提高教学效率。因此，我请学生上台，在游戏中深入了解盘子的创作方法。我请两位同学分别在一个方盘子和一个圆盘子中用圆圈和线来装饰。装饰完成后，我问："同学们觉得他们的设计怎么样？各位小设计师看来已经知道如何装饰一个盘子了。下面看看老师是如何装饰盘子的。你们在老师画盘子的过程中注意到了什么？"学生回答："图案要适合这个盘子，涂颜色要排队，画面要大。"最后教师提出，可以借鉴家乡的景观资源创作美丽的盘子。

在学生自由创作前，教师可以通过游戏加强学生的兴趣。一年级学生的课堂注意力有限，加入游戏可以吸引学生，提高课堂效率。教师示范是学生能够看到的唯一的现场展示，所以绘画过程中，教师要对绘画方法进行解析。

最后，举行盘子景观展示会，进行方法汇总。

创意实践有助于学生形成创新意识，还有助于提高学生的艺术实践能力和创造能力、增强团队意识。课后，教师请同学上台说一说："对自己设计的盘子满意吗？你为什么要创作这个盘子？"有的说："因为我喜欢星星，一闪一闪的，所以我把它画在了中间。"有的说："昨天妈妈教我认识了蝴蝶兰，我就画了它，我还加了花瓶和桌布让我的蝴蝶兰更漂亮。"之后，我再提问："同学们找一找，你还喜欢哪些盘子的设计和创作方法？"

最后，学生将装饰好的各种美丽的盘子在课堂上进行展示。展示评价环节在美术教学中非常重要，每节课上课时间有限，作品欣赏有限，老师不断教授学生创作方法不如一个班级展示出来的作品方法多。一年级孩子的想象力和创造力没有被禁锢，只要老师善于引导、鼓励学生大胆地创作和评述作品，学生就会有很大进步。

教师可以带领学生欣赏古今盘子的变化，了解盘子的形状、材质、图案装饰，借助多样化的创作方法培养学生的发散思维。

（执笔：姚雪）

二、体现提升造型和设计能力要求案例 2（《相同图样排排队》教学案例）

发现美，欣赏美，提升创造美的能力

本课通过带领学生欣赏大量图例，引导他们发现二方连续多种排列方法和表现手法所呈现的装饰美感。二方连续直观的排列规律和基本形式便于学生发现，欣赏、练习、纠错等一系列活动可以引导学生认识二方连续纹样就是一个或多个大小、形状、色彩相同的图样向左右或上下一字排开。本课以画、剪、实物拼贴和印为主，易于学生操作。本课的学习能让学生拥有一双发现美的慧眼，从而提升学生感受美、创造美的能力。

首先，理解基础概念的本质。

本课的目标之一是让学生了解图案、单独纹样、二方连续纹样的基本概念和特点，掌握二方连续图案的一些知识。

在教学导入阶段，老师先出示一只麻雀：“今天，老师带来了一只小鸟（出示图片）。你认识它吗？”接着教师出示一群麻雀：“这只小麻雀觉得自己一个人太孤单了，就约了几个好朋友，你看，它们来了。哎呀，这个队伍可够乱的。它们也想跟同学们做早操一样把队伍排整齐，你们看应该怎么排呢？”老师请学生上台来手动排列，同学们很快就把麻雀排得

整整齐齐。我们得出结论：麻雀就是一个图样，让这个图样重复，重复时前后对齐、不空也不挤、排得规律又很统一，就能形成优美的、富有节奏和韵律感的带状纹样。这也是二方连续的一个基本特征。教师通过故事导入和简单的动画演示让学生观察相同图样的排列规律，激起学生的学习兴趣，为后面学习二方连续进行铺垫。

其次，探究造型变化的规律。

二方连续的排列是有规律的，在符合规律的情况下又有着多种变化，这种变化需要让学生自己去寻找、去发现。教师要在二方连续图案的构思、组合、创意中培养学生的发散性思维、认真细心的态度和创造美的能力。

给麻雀排好队以后，老师再出示一些树叶，问学生："你能让它们也像麻雀一样排好队吗？"之后，老师请学生在黑板上摆一摆树叶，以加强对二方连续的认识和理解。

老师提问："他排得对吗？你能不能变换一下队形，排出不一样的图案呢？"之后，教师在每张桌上放一组图片，请同桌排一排，同时再请两个学生到黑板上排，比一比谁排得最有新意，鼓励学生探索更多的方法，帮助学生打开思路。师生边排边总结二方连续的排列方式，如顺序排列、相对排列、上下排列、倒置排列等。

为了巩固学生对二方连续的认识，我设置了一个"考一考"的环节：出示几组用不同方法排列的二方连续，二方连续中间有缺失，问学生缺失的部分填什么。

全体学生动手排列和小规模竞赛营造了活跃的课堂氛围，这一环节也引导学生发现了二方连续不同方位的排列方法。让学生在自主体验拼摆纹样时发现二方连续排列方式的多样性，有助于进一步帮助学生构建对二方连续构成规律的认知。

再次，感受生活应用的艺术。

教师提问："你在哪儿见过二方连续？"有的学生说在家里厨房的墙上见过，有的学生说学校围墙的栏杆属于二方连续，也有的学生说自己的衣服上就有……通过回忆和对图片的欣赏让学生感知，在我们的生活中二方连续随处可见，特别是在建筑、书籍装帧、包装袋、服饰边缘、装饰间隔中。学生明白了二方连续就是用来装点我们的生活的。

教师通过生活中的实例唤醒学生的生活记忆，让学生真正了解艺术源于生活、艺术美化生活的道理。

最后，提升设计应用的能力。

通过一节课的学习，学生掌握了二方连续的描绘技能，描绘出了有装饰效果的二方连续图案。在学生创作、设计阶段，老师通过设疑、学生答疑的方式引导学生积极开动脑筋寻找最方便的绘画方式。

老师提问："看了这么多二方连续，老师也想来画一画，可老师遇到一个难题，就是怎样使画出来的图样完全一样呢？谁来帮帮老师？"学生讨论并帮老师想办法、出主意，共同寻找最方便的绘画方式。最后确定用透明纸拷贝的方法，老师用此做了示范。老师的适时示范为学生的大胆表现起到了激励作用，同时直观展示了具体的创作方法。

示范结束后，教师又出示了配有背景的范画，告诉学生二方连续有了背景以后内容会更丰富。通过示范作品的展示，顺势引出二方连续的多种表现手法，巧妙又自然地衔接下一环节。

在学生的作品展示阶段，教师引导学生从创意和色彩两个角度进行评价，激发他们的语言表达能力，培养学生的综合素质。这样的评价更加关注学生的个性化，珍视学生的独特感受。

除了绘画以外，二方连续还可以用哪些方式表现出来呢？教师引导学生通过讨论、交流、欣赏，发现二方连续创作的多种表现方法及表现材质，比如还可以用剪纸、拓印、实物摆放等方式表现。教师适时引导，有助于多渠道打开学生的发散思维，为学生的创作拓宽思路，突破本课的教学难点，同时也为学生个性化作品的创作提供借鉴。

生活是儿童创造性思维发展的源泉，兴趣是儿童创造性思维发展的动力。二方连续图案的概念说难也难，说易也易。低年级的学生并不具备这样抽象的认知能力，这是本课教学的一个难点。本课在引导学生充分观察、感受生活中的二方连续纹样的形式美以后，预设了两个层次的自主探究二方连续排列方法的活动。活动一：学生自主排列单个图样，在操作中发现二方连续纹样的形状、大小、颜色必须相同。活动二：通过老师的引导，加进一个或多个纹样组合成单位纹样进行重复排列，由此发现一个单位纹样还可以由两个或多个纹样组成。学生在老师营造的宽松的学习氛围中，通过反复排列、比较，真正理解了二方连续排列方法的多样性。这打开了学生的艺术心门，让他们的形象思维得以发展。学生处于一种积极参与、主动思考的状态，或竞争，或合作，心情一直是愉悦兴奋的。

（执笔：徐国欢）

三、体现提升造型和设计能力要求案例3（《风筝》教学案例）

传统文化有效融入设计教学

案例背景

小学三年级的学生想象力非常丰富，有强烈的表现欲望，对想象画、记忆画的色彩表现力强，同时，他们非常喜欢工艺制作。在小学三年级阶段，教师在课堂教学中应进一步培养学生的观察力、创造力和表现力。纸工制作可以培养学生的动手能力及协调性。

结合学生的年龄特点和学生已经掌握的美术知识、技能，我将《风筝》一课作为向学生宣扬中华民族传统文化的重点进行教学。我在课前设计相关美术知识学习任务，并以多媒体方式将与风筝有关的中华民族传统文化融入教学中，利用学生对风筝的兴趣引导学生学习中华文化、热爱传统文化、了解源远流长的中华民族传统文化，用传统文化滋养学生的心灵，用传统文化塑造自身道德品质。

案例描述

以下是《风筝》一课的课堂教学实录。

片段一

师：同学们，你们玩过猜谜语吗？

生：玩过。

师：今天，我们先来猜一个谜语，谜面是“天上一只鸟，用线拴得牢，不怕大风吹，就怕细雨飘”。猜在春天经常看到，同学们也玩过的一件物品。

生：风筝。

师：非常好，同学们都猜对了。同学们喜欢放风筝吗？

生：喜欢。

师：好，今天这堂美术课我们就来学习风筝。

展示学习任务一：请同学们观看完短片后，说一说风筝的起源和来历。

教师播放关于风筝起源的多媒体短片。

短片结束后，我让前后桌四个同学讨论，将刚才看到的关于风筝起源的内容请一位同学作为代表表述出来。我根据同学们所讲的内容整理出“风筝起源的时间轴”“风筝制作材料轴”“风筝作用轴”并进行板书。

片段二

教师拿出准备好的两个风筝，播放多媒体短片。

展示学习任务二：请同学们观察一下这两个风筝，观看短片并说一说你看到的风筝结构、色彩等的一些特点。

生 1：风筝颜色鲜艳，造型很多，有阿童木、京剧脸谱、金鱼等。

生 2：风筝上的画跟传统文化有关，很有民族特色，京剧脸谱、龙纹等图案都显示出中国的传统文化。

生 3：风筝有软骨架的，也有硬骨架的，图案是对称的，风筝都是用线提着的。

生 4：全国各地都有风筝，山东潍坊还有风筝节。日本、马来西亚等国家也有风筝节，风筝节放的风筝一般都很大。

师：同学们观察得非常仔细，回答也很全面，下面请同学们看一下美术书中手工艺人做风筝的图片。手工制作风筝是我国的一项传统文化，也是一项非物质文化遗产。同学们如果感兴趣可以学着制作风筝，今天在课堂上，同学们可以在自己的图画本上画一下自己感兴趣的风筝图案。

片段三

师：同学们，请举起你们手中的图画本，把自己画的风筝举起来，让同桌看见，然后观看多媒体短片中关于风筝的相关史料，跟着多媒体短片朗读关于风筝的古诗。

展示学习任务三：同学们共同诵读古代与风筝相关的诗歌，感受古人对风筝的情怀，领略中华民族传统文化的久远，这让学生在接受美术教育的同时受到了中华传统文化的熏陶。

宋代周密在《武林旧事》中写，清明时节，人们到郊外放风筝，日暮方归。张择端的《清明上河图》、苏汉臣的《长春百子图》等著名的古代绘画中都有关于放风筝的生动景象。

同学们共同跟读陆游的《村居书事》、高骈的《风筝》、寇准的《纸鸢》等诗。

师：同学们，今天的这节美术课就上到这里。春天来了，同学们可以在休息的时候和家长、朋友一起放风筝。风筝飞向空中，似乎自己在俯瞰大地；风筝收回，仿佛自己也从天上回到人间。你可以把自己的体验用画笔画出来，也可以用日记的方式表达自己的所思所想。

案例反思

本节课是以绘画为重点的美术教学课。教师在课堂前段对风筝的起源与来历进行梳理，让学生对风筝文化有所了解，也让学生感受中华文化的源远流长。生活中放风筝的经历引发了学生对中华文化的兴趣。在绘画中培养学生对艺术作品的观察力，不断拓展学生的想象空间，提高学生的创造力。在此教学案例中，我深刻体会到以下几点。

首先，启发学生感受中华文化的源远流长。

在播放风筝起源与来历的短视频时，学生了解到风筝已有 2000 多年的历史，他们很惊讶。除此之外，学生们还了解到风筝是中国人发明的，如今世界上许多国家有放风筝这项活动。中国的风筝流传到外国之后，经过不断发明和演进，由莱特兄弟发明了能载人飞行的飞机。这些有关风筝的信息让同学们的心中充满了民族自豪感，这是一节生动的美术课，也是一节生动的中华文化传播课和爱国主义教育课。通过我和学生的共同努力，同学们初步感受到了中华民族文化的源远流长，他们对风筝的构图、色彩也有了了解，我的教学目标也实现了。

其次，提高学生的观察力和创造力。

在课堂教学中，我结合美术书中的图片向学生们介绍了传统风筝的制作技艺。中国风筝有三大产地：北京、天津和山东潍坊。我向同学们展示了三大产地的风筝，同学们敏锐地观察到三大产地风筝的不同造型特点，了解到风筝也有流派，初步了解了比较传统风筝和现代风筝的基本方法。同学们还对风筝的结构与材料进行观察，了解民间风筝用哪些材料制作，有的同学还提出“风筝能不能用皮子做？”“风筝的骨架能不能用塑料做？”等问题，对风筝的认识不断开拓学生的想象空间，这对学生的创造力有一定的提升作用。

最后，“美术与传统文化结合导学图”的应用让学生易学。

中华文化博大精深，在美术教学中融入中华文化是一种新的尝试。面对博大精深的中华文化，采取什么样的教学方式是我思考的重点。小学三年级学生的思维方式是直线思维，因此，我在课前准备时将含有诸多信息的短视频演变成三个直线“轴”状导学图，将复杂的信息简单化、线性化处理，将中华民族文化融进风筝的起源与来历中，将中华文化渗透到美术课堂教育教学中，教学效果较好。通过这次教学，我明白了在美术课堂中要采取不同的教学方法，也要从学生对美术知识的认识、对知识掌握的能力等方面不断探索符合学生成长规律和特点的新方法。

（执笔：赵秋菊）

四、体现提升造型和设计能力要求案例 4（《水墨画公鸡》教学案例）

让学生在赏析中学画画

案例背景

本课为校本教材《趣味水墨》的内容，属于“造型·表现”学习领域。本课内容是在一年级、二年级、三年级等教材基础上，继续学习中国画画种之一水墨画。课本提供了名家作品《风雨鸡鸣》《雄鸡图》等，引导学生在欣赏水墨作品的同时感受水墨，再从《公鸡图》入手，结合清楚明了的步骤图让学生了解水墨画的作画程序。本课旨在传达中国画独特的表现手法，将水墨画艺术展示给学生。本课教学安排两个课时，每一课时各有侧重。第一课时为初感水墨画、学习水墨画，复习用笔用墨的方法，临摹名家作品或画画公鸡，在提高学生观察力和表现力的同时，让学生体会水墨画与其他绘画形式的区别。第二课时则在掌握了解浅显水墨画技法的基础上启发学生欣赏、评析和探究中国水墨画的神韵和意境。另外，教师要注意国画中的布局、留白等因素，使学生掌握水墨画的基本画法，培养学生学习水墨画的兴趣和对传统文化的热爱。

案例描述

首先，初感水墨，引新知。

教师出示一幅水墨画请学生观察。

师：请大家说一说这幅画与平时大家看到的画有什么不一样。

生：这是国画。

师：你知道国画是用哪些材料画的吗？

生：宣纸、毛笔、墨汁。

老师简介中国画的材料，考一考学生。

师：请大家说一说墨分几色。

生：焦、浓、重、淡、清。

师：大家知道中国画的基本运笔方法有哪些吗？

生：中锋、侧锋。

之后是小练笔。

师：你能在宣纸上复习一下以前学过的“五色”及基本运笔方法吗？

学生小练习，教师小结引题。

师：这种以水墨色变化作画的形式称水墨画，是中国画的一种。（板书课题：水墨画）

【反思之一】教师带学生了解水墨画的工具材料，培养学生的民族自豪感。考一考、练一练，让学生体会墨色在宣纸上产生的变化。以复习旧知引新知，从中国画与儿童画的比较中感受中国画材料、手法的特色与韵味。

其次，欣赏水墨，品特点。

教师出示名家作品。

师：请大家看一看、说一说画家是怎么画水墨画的。找一找这些作品中哪些地方运用了不同的墨色和笔法。

接下来师生讨论。

徐悲鸿的《风雨鸡鸣》用中锋浓墨勾画鸡嘴、鸡脚，侧锋干墨画鸡尾，中锋湿墨勾画鸡身，侧锋湿墨画鸡胸、鸡腿等。他是想唤醒广大群众，胜利和光明即将到来，让大家不要灰心。

齐白石的《公鸡图》用中锋浓墨勾画鸡嘴、鸡脚，侧锋干墨画鸡尾，中锋湿墨勾画鸡身等。他画鸡是怀着对少年生活的眷恋之情，巧妙的构图、精准的笔墨带出浓浓的田园情意。

陈大羽的《雄鸡图》用中锋浓墨勾画鸡嘴、鸡冠、鸡脚，侧锋干墨画鸡颈、鸡尾，中锋湿墨勾画鸡身等。画面是在层次井然的红梅簇拥之下，一只雄鸡正昂首阔步、神采奕奕地走来，《雄鸡图》教导人们要奋发进取。

凌立如的《公鸡图》用中锋勾画鸡嘴、鸡冠、鸡身、鸡脚，侧锋画鸡尾。画中的公鸡昂首挺胸，有“一唱天下白”的雄姿，三五成群的雏鸡也憨态可掬。

之后教师归纳小结，展示课题。

凌立如、陈大羽等国画大师善于用水墨画表现动物，其作品以形神兼备著称。他们巧妙利用水墨浓淡干湿的特点，以墨塑形、以墨提神，笔下的公鸡神态各异、惟妙惟肖、韵味十足，甚至画出了动物动作快捷轻盈、毛皮柔软发亮的自然特征。（完整板书：水墨画公鸡）

【反思之二】教师带学生欣赏名家的水墨画作品，使学生进一步感知水墨画墨色用笔变化的独特魅力，让学生流连于浓墨淡墨之间，感受画家对动物的热爱。

再次，探究水墨，学技法。

教师先引入画法。

师：你会用水墨画公鸡吗？怎么画？（生交流）

观察思考：出示公鸡图片。

师：仔细观察，你会用哪些笔墨、笔法表现公鸡？

学生讨论，鸡嘴可以用浓墨、中锋……

教师再一一出示水墨公鸡作品，请学生观察画中墨色浓淡、干湿的变化。

教师示范《公鸡图》的画法。

师：大家看看老师是怎样画的。（教师边讲解作画步骤边解释用笔墨法）

画公鸡从什么地方画起，没有一定的规律，可根据自己的习惯灵活掌握。公鸡一般是从头部画起，也有从背部开始画的。从头部开始画可先定出眼和嘴的位置。嘴的三条线有长有短，上片嘴稍厚，下片嘴稍薄，眼要和口缝对齐，耳在眼的后下方。

公鸡的冠子有上下两部分，要画出威武雄壮的感觉。画时可见笔，下笔要果断，颜色先调朱砂，再在笔的前端调曙红，最后笔尖调胭脂，颜色要浓重些。

调中等墨色，用侧锋概括地画出脖颈。画头部时要注意留出后脑（枕部），线不要勾得太死板。笔肚调淡墨，笔尖蘸较浓的墨，几笔点出背部，用较淡的墨画出翅膀的复羽。用笔要灵活，行笔要稍快勾出外形，再用浓墨画出飞羽。

用淡墨侧锋概括地勾出几片尾上复羽，用较大的笔调中等墨色，尖上蘸浓墨顺尾羽方向画出尾羽，靠近复羽的地方用笔要虚，行笔要活。

教师简介国画的构图、提拔。

师：一只水墨公鸡画好了，但它好像太寂寞了，老师这儿还有一两只小雏鸡，你能让它们和老师画的公鸡做伴吗？（请学生上台摆一摆，师简介“S形”“三角形”构图及留白。）

师：请大家再一次观察范画，想一想这样的水墨画完整吗？

生：不够完整。

师：对，还要加上落款印章。

教师带学生欣赏齐白石的《公鸡图》。

教师带领学生观察画家笔下公鸡的墨色层次变化，让学生从墨色和用笔方面说说自己喜欢哪只公鸡及原因。

教师小结：齐白石的艺术风格的特点是“妙在似与不似之间”，他善于观察生活，所画作品栩栩如生，情趣盎然，洋溢着对生活的热爱。

教师带学生欣赏优秀学生水墨画，评评妙笔在何处。

【反思之三】用“你会画吗”“你能画吗”“怎么画”等问题让学生观察、分析、揣摩水墨画的绘画方法，之后老师直观演示画法，引领学生解决用笔用墨的重难点。对于中国画中的“经营位置”——构图，教师用几只画好的鸡摆一摆来解决，直观而生动。另外，落款章法在欣赏齐白石作品时做好解析，优秀作品欣赏更使学生进一步了解了水墨画表现形式的多元化。

教师带领学生创作水墨，绘出新意，要求学生抓住公鸡的特征，大胆用水墨来画一只美丽的大公鸡，要有夸张的特征、艳丽的色彩、生动的线条、传神的造型、饱满的构图。用水墨画公鸡，要表现出水墨的变化，注意用笔、浓淡的变化，体现水墨画的意境和韵味。可以在班里组织比赛，看看谁画的公鸡最美、最独特、最有水墨的感觉。

【反思之四】对于不同层次的学生来说，明确、分层和细化的作业要求很重要。比赛可以培养学生绘画的信心，使学生的水墨创作有效开展，又可激发和保持他们学习水墨画的兴趣，让他们体会收获的喜悦。

教师多元评价，激发同学的兴趣。

教师展示学生作品，让大家说说谁画的公鸡最美。教师和学生一起讨论构图、用笔、线条、色彩、特征表现、造型、水墨变化等问题，帮助学生加深对水墨画的认识。之后评一评，看谁画的公鸡能被评上“美丽的大公鸡”的美名。

【反思之五】借助课堂的最后几分钟，进行生生互评、生生自评、师生共评活动，使学生的作业展示与评价环节成为本课的高潮和画龙点睛部分。通过对作业的评价，教师给予学生鼓励和肯定，也让学生在评价的过程中发现他人的长处和自己的不足，加深对本堂课教学目的的理解，促使他们以更大的热情投入下一次学习活动中。

最后，拓展延伸，促提升。

水墨画动物的绘画表现方式还有很多，如彩墨画的画法，教师出示彩墨画，引导学生思考怎样使画面有画意、意境等。

教师布置课后作业，要求学生收集自己喜欢的水墨画作品，了解名家吴作人，在家尝试练习彩墨画。

教师总结：中国画博大精深，中华文化光辉灿烂，作为中华儿女，我们一定要将中国水墨画传承发扬下去。

【反思之六】教师要培养学生热爱祖国传统文化的情感和学习水墨画的兴趣。在初感水墨画、了解水墨画、创作水墨画之后，教师留给学生一些新问题、一个自主探索的空间，拓展其视野。教师把水墨画课堂教学从课内向课外延伸，这提高了学生自主学习探究的能力，也为下节课进行了铺垫。

案例反思

在小学美术教学中，水墨画也有了一席之地，新课标明确提出，美术课程要能引导学生参与文化的传承和交流。中国水墨画独树一帜，有着悠久的历史，是中华民族的瑰宝和骄傲。

作为一名美术教育工作者，我们有责任将水墨画教学作为传承人类文明与文化发展的手段之一，让学生切身体验和感受到它蕴藏的文化内涵。但是，现在的学生对中国水墨画了解很少，有的甚至连有名的国画大师都不知道，谈及国画，他们也多表示不感兴趣。作为美术老师，我们必须加强中国画的教育，让我们的孩子喜欢上中国水墨画，并且能够画出水墨画。

（执笔：夏云）

五、体现提升造型和设计能力要求案例5（《线条的魅力》教学案例）

“造型·表现”课浅探

案例背景

《线条的魅力》一课为五年级下册教学内容，属于“造型·表现”学习领域，“造型·表现”类的课在小学美术教学中占比最多，如何开展这一类课的教学是本文的探究内容。线条是绘画中最基本的造型方法，也是学生绘画最主要的表现形式。画线看似轻而易举，然而，很多学生在绘画中表现出的线条往往形式单一、质感生硬，学生容易忽视不同工具所描绘的线条的特色和美感。线条的表现如此，其他借助线条表现的画面亦是如此。本文就以最基本的线条的表现为例，探究“造型·表现”课的教学方法，本案例以《线条的魅力》一课为案例，对“造型·表现”学习领域的课型进行探析。

案例描述

师：老师特别喜欢一位画家（出示画家简介）。大家看看这是谁呀？

生：安东尼·塔皮埃斯。

师：对了。这位画家很特别，他非常崇尚自由，他要在作品中表现出对自由的向往，他的作品经常画得很丰富，很多人喜欢临摹他的作品。今天，老师要考考大家的眼力，请从三幅作品中找出他的原作。

生：老师刚才说了这位画家画画的特点。第三幅画的画风是很开放很自由的，所以我觉得第三幅是这位画家的原画。

师：非常好，这幅画让你感受到了自由、奔放。看，画面中有粗细对比，有自由奔放的线条。今天就让我们像他一样自由地玩一玩线条，让我们一起看看线条的魅力。

师：其实我这样的画法也是跟一位画家学来的（PPT 出示两幅人物拉小提琴的作品）。大家看看老师是跟谁学来的呀？

生：凯文·欧森。

师：这两幅画同样是在画演奏乐器的人物，哪幅画让你感觉仿佛听到了音乐呢？

生：我觉得是第一幅，因为它用的都是颤动的线条，并没有死板，而第二幅却很谨慎，感觉画的时候很紧张，没有画出音乐的感觉。

师：很好，大家给这位同学一点掌声好不好？凯文·欧森用酣畅淋漓的线条表达了乐手在演奏时的那种激动的情绪。（指另一幅画）这幅画非常注重写实，所以人物显得非常拘谨。

师：画家在感受各种各样物象的情感的时候，也在探索一种不同的风格去表现、表达不同的情感，今天我们也要来探索一种自己喜欢的线条风格。先跟大师来学一学，好吗？

以上教学片段目的是带学生走近名家名作，激发学生的创作灵感。

欣赏名家名作可以提高学生的眼界，提升学生的审美能力。在本案例中，老师以西班牙艺术家安东尼·塔皮埃斯的作品作为导入，先简单介绍画家的绘画风格，再将三幅类似的作品放在一起让学生找出大师的原作，使学生在三幅作品的对比中感受这位大师自由奔放的绘画风格。之后直点主题，为像大师这样“玩线条”、进入本课的学习进行铺垫，激发学生对本课学习的热情。

在新授环节，老师在小提琴演奏声中示范创作拉小提琴人物的速写图，让学生感受随着音乐节奏表现创作情感的画法，并告诉学生，老师这样的画法是跟一位画家学来的，激起学生的好奇心。接着，老师展示两幅小提琴演奏的人物速写图，让学生根据画风判断老师模仿的是哪一位画家。通过对比，学生感受到了画家凯文·欧森的作品表现出的酣畅淋漓的感觉，也感受到了大师创作时的激动心情，进一步体会到了线条的魅力，这激发了学生带着对物象的情感进行创作的热情，为接下来的创作奠定了情感基础。

师：我们今天先来感受一下大自然里有哪些天然的美丽线条，（出示图片）这里有几张图片，是摄影师拍下的他们觉得美丽的线条，你觉得哪一张最好看呢?

生 1：我觉得拍山那一张最好看。

师：你能用手描着这个线条说一说哪些线条好看吗?

生 1（边用手描绘线条边说）：他把连绵起伏的山峰拍得特别好看，让人感到舒适。

生 2：我喜欢最后一张图片。因为我觉得它的线条是非常整齐的，大方又不失温暖。

生 3：我喜欢第二张图片中海螺的线条。它的线条是由大及小的，我觉得很有层次感。

师：像这样美丽的线条在大自然里有很多。老师特别喜欢用木炭条来表现这些美丽的线条，你们想不想看一看?

以上片段的目的是联系生活，提升学生的鉴赏能力。

在本案例中，老师精心收集了大自然中不同场景的图片，有山峦、棕榈树、果树、小海螺等，每张图片都用独特的角度突出了不同的线条，教师引导学生感受大自然中天然的、美丽的线条。接着，老师用短视频的形式滚动播放大自然的美景图片，根据出示的图片一一示范如何用木炭条表现大自然中美丽的线条，使学生了解大自然的美是可以通过简单的绘画工具、丰富多样的线条来表现的，为学生后续的创作提供思路。学生能将大自然的美与绘画作品的美相结合，之后就能更多地发现生活中的美、表现生活中的美。

在上一教学片段后，教师通过视频滚动播放的形式出示大自然的图片，并根据出示的图片示范用木炭条和白纸表现大自然中的线条。教师边示范边讲解材料的质感及用笔方法：木炭条的质地松软，下笔较粗，用笔时可以变换方向，慢慢找到掌握它的方法，可以由重到轻，慢慢画出连绵起伏的山峦线条；也可以前轻后重，让每根线条都产生由细到粗的变化；还可以不断转动笔头，轻轻落笔画出细密的线条；画长线条时，我们可以转动手腕变换运笔的方向让线条更轻松流畅；在运笔中，你可以尝试慢慢画，试试线条的感觉……

师：刚才的绘画尝试中，你发现我的用笔有什么样的变化了吗？

在以上教学片段中，教师重在引导，凸显学生的主体地位。

教师引导学生自主探索，体现了“以学生发展为本”的教学理念。在教学中，老师重在方法的传授。例如在本环节中，老师先演示了木炭条不同用笔方法表现出的不同线条，之后让学生回忆老师在示范中的用笔方法，引导学生在接下来的小练习中能够学着老师的表现方法绘画。

在老师的引导下，学生从开始上课时小心翼翼地画单一直线条，发展为能够大胆表现富有变化并且富有情感的画面。

在教学环节中，老师能以学生为主体，引导学生多观察、多思考，学生也敢于表达、乐于表达，这很好地推动了教学的开展。

师：画家喜欢用各种各样的工具来画线条，这里有四种绘画工具，说一说哪种是你特别熟悉的。

教师出示的绘画工具分别是马克笔、记号笔、炭精条、木炭条。教师请学生回答自己熟悉的绘画工具，并在纸上随意画一根线条。根据学生的回答可知，他们熟悉的绘画工具是马克笔和记号笔，对于他们不熟悉的炭精条和木炭条，教师鼓励学生摸一摸、画一画，并让学生比较不同绘画工具表现出的线条有什么不同之处。

在四人小组作业中，老师给每组布置了不同的任务，小组成员根据学习单的内容进行创作，并自主选择绘画材料。

以上教学片段的目的是给学生提供丰富的材料，促进他们的创作形式的多样化。

不同的材料在画面中表现出的效果各不相同，即使是相同的材料，用笔不同表现出的效果也是不一样的。在本环节的教学中，老师让学生在同一张纸上用四种材料画线条，使学生直观感受四种不同材料表现出的不同线条。教师在学生画出的线条的基础上用木炭条画了一根长线条，使学生了解到用笔的不同，可以让线条产生深浅、粗细的变化。本环节的教学使学生认识到，不同的工具加上不同的用笔就可以画出不同质感的线条，这些线条都有自己的特色和美感。

（执笔：陶雅萍）

六、体现提升造型和设计能力要求案例 6（《快乐动漫》教学案例）

塑造形象　表现创意

案例背景

《义务教育艺术课程标准（2022 年版）》提出，高年级学生要能运用传统与现代的工具、材料和媒介，以及习得的美术知识、技能和思维方式，创作平面、立体或动态等表现形式的美术作品，提升创意表达能力。我们要精心设计教学活动，探索和应用多种材料与表现方法，采用灵活的教学方法，从不同角度和艺术形式来进行教学，调动和提高学生学习美术的热情和积极性，不断提高学生的艺术素养。

在实际的教学过程中，我们发现，高年级学生的绘画从稚嫩的儿童画发生了改变，他们趋于写生，开始模仿成人作画，追求更为真实的表现，但他们往往眼高手低，还未掌握新的美术知识和技能。本文以《快乐动漫》一课为例，期望丰富和扩展学生在美术学习过程中的造型表现和创作能力，让学生对美术学习保持兴趣，提高审美感知。

案例描述

片段一：欣赏导入提兴趣

导入环节是建立学习兴趣的关键一步，本课学习动漫，课题本身就是学生感兴趣的话题，教师要鼓励学生带着问题去欣赏，学会表达。教师可以提问：你觉得什么叫动漫？你最喜欢的动漫形象是什么？他的哪些特点吸引了你？

设计意图：通过启发式引导，教师带学生欣赏熟悉的动漫形象并提问题，把学生带到轻松快乐的动漫世界里，唤起学生的记忆，和学生产生共鸣，激发学生的学习兴趣。

片段二：领略动漫的艺术之美

通过游戏“连连线”对比不同国家的动漫形象的特点，分析动漫形象的设计风格，总结各国动漫的造型差异和色彩变化，了解动漫的发展历史。让学生回忆看过的中国动漫，分析中国动漫的设计风格，将国画、版画、剪纸、皮影戏等艺术形式进行动漫创作，了解中国动漫表现形式的多样性。

设计意图：通过游戏和提问设疑调动学生的探索欲望，帮助学生分析，带领学生学会表达，从而丰富学生的知识储备，为接下来的创作提供更多资源。

片段三：任务驱动学习表现手法

通过对比现实中猪的照片和《西游记》里猪八戒的形象，教师带学生分析人物形象的表现手法，如夸张、拟人、变形等。教师引导学生观察人物模特的五官和身形特点，让学生运用所学的表现手法，快速勾勒出模特的轮廓。

设计意图：通过强烈的反差催动学生主动分析人物形象。通过小作业，学生掌握了表现手法并能灵活运用。

片段四：作业传达学校文化

欣赏奥运会吉祥物，分析其特点。小组讨论为学校设计一个动漫形象，要求具有学校的特色，形象不限，可以是人物、动物、植物、物品等。表现形式不限，可以是水墨、剪纸、皮影、版画、水彩、泥塑等。之后，小组创作动漫形象。

设计意图：教师设定学生的创作方向是为学校设计动漫形象。范围越小，学生越容易创作。小组合作完成创作，一方面可以锻炼学生的语言表达能力，另一方面可以锻炼学生的协调能力、统筹能力、合作能力。教师要锻炼学生灵活运用各种表现形式的能力，不限制材料和方法，发散学生的创作思维。

片段五：创编校园微动漫

该片段是在本课第二课时进行的，用定格动画来呈现。教师带学生欣赏国内外定格动画的精彩片段，介绍定格动画的制作工具和创作材料，让学生欣赏同龄学生创作的动画，之后教授拍摄过程中的技巧。作业要求以学习生活为主题，小组合作创作微动漫，有的学生负责画场景，有的负责画人物，有的负责画小道具，有的负责摆放，有的负责拍照。

设计意图：教师选择学生易操作的定格动画作为作业，培养学生的创作欲望和自主探究的兴趣，让学生用动画作品表达情感，发展学生的动画思维，提升学生的创新实践能力，让学生感受制作动画的乐趣。

案例反思

《义务教育艺术课程标准（2022年版）》中指出，艺术表现是学生参与艺术活动的必备能力。艺术表现不仅培养学生表现美的造型能力，还为其他美术课程内容的学习奠定基础，为学生的情感和观念的表达提供最直接和最有效的方式。艺术表现的活动方式更强调自由表现，大胆创造，外化自己的情感和认识。提升高年级学生的造型表现能力、引导学生掌握绘画技巧，仅靠刻苦实践是不够的，教师还要引导学生多观察周围的人和事物，理论与实践相结合。每次课上，教师应多引导学生欣赏和观察，从造型和色彩等方面切入，培养学生做个有心人，在平时生活中留心观察，感受生活中的美。教师可以通过写生训练来培养学生的观察能力。在高年级的美术课上，教师可以带领学生在校园里写生或拿出实物让学生观察，引导学生从整体构图、结构、比例、画面明暗关系以及细节方面进行观察，不断提升学生的造型能力。

（执笔：丁钰）

七、实践反思

案例1着重从创意实践方面进行教学实践。创意实践包括营造氛围，激发灵感，对创作的过程和方法进行探究与实验，生成独特的想法并转化为艺术成果。创意实践的培育，有助于学生形成创新意识，提高学生的艺术实践能力和创造能力，增强学生的团队意识。本案例根据一年级学生的学龄特点，将学生身边的乡村景观资源与教材结合，找准盘子与教材中内容的结合点，从欣赏家乡的景观导入，带学生发现、感受身边的美，在家乡的景观资源中提取元素装饰教室，激发学生的主体意识。之后，教师带领学生欣赏古今盘子的装饰方法，将古今的盘子与家乡的景观资源作对比，让学生感受不同的艺术美。紧接着，教师寓教于乐，以游戏的形式教学，把知识性、趣味性和教育性融为一体，运用多样化的创作方法，打开学生的思维，激发学生的想象力，让学生在观察中思考身边的美，学会创意实践。课后展示评价是学生学习的动力，每节课后及时评价反馈，形成良性循环，学生将会更好地进行创意实践。

案例5作为“造型·表现”学习领域的一课，教学内容并没有提供具体的表现物体，而是让学生以基本的造型方法——线条，去传达思想和情感。《义务教育艺术课程标准（2022年版）》中明确指出，通过“造型·表现”，学生掌握美术知识、技能和思维方式，围绕题材，提炼主题，采用平面、立体或动态等多种表现形式表达思想和情感。对于小学生来说，“造型·表现”的课重在表现。“造型·表现”并不是将物体塑造的越写实越好，就像案例中教师出示的两幅拉小提琴的作品一样。其中一幅是画家凯文·欧森的作品，另一幅是人像速写，单看都是好的作品，但是放在一起，学生明显能够感受到凯文·欧森作品中酣畅淋漓的线条带来的感染力，好似听到了激昂的演奏声，而另一幅作品的线条让学生感受到了画面的拘谨。学生通过对比感受到了不同线条带来的魅力，也意识到我们在绘画创作中不必刻意追求“像”，而是可以用思想和情感去表现画面。小学高年级学生的学龄特点决定了此时的他们开始追求写实的画风，在“造型·表现”课上表现更加明显，他们越来越不敢动笔，生怕画得不像，长此以往，学生会逐渐失去学习美术的信心。本案例通过走近名家名作、感受生活中的美、凸显学生主体地位、丰富创作材料等多种形式进行实践探索，促进了学生造型表现能力的提升，提高了学生的美术素养。

其他案例着重从高年级“造型·表现”领域进行了教学实践，期望通过高年级美术教学中课堂造型表现的实际运用，丰富学生在美术学习过程中的造型表现，让学生对美术学习保持兴趣，提高学生的审美感知，让学生的思维得到发散。从美术教材中可以看出，“造型·表现”在教材中占有重要位置，约占总课时的三分之二，是覆盖面最宽、分量最重的部分。

在实际教学中，高年级学生的造型表现水平不容乐观。笔者多次用基础的造型让高年级学生去表现，结果问题颇多，如构图不够饱满，透视关系不明确，人物的比例不协调，不会运用写实、夸张、变形的手法去表现，色彩单一，不会灵活运用冷暖色、对比色、互补色去表现，评价他人作品时美术语言匮乏等。要解决以上问题，可以从以下几点入手：抓住学生的学习兴趣，制定符合学情的课程；开拓学生的眼界，带学生感知真善美，提高学生的鉴赏能力；让学生留心观察、感受生活中的美，进行写生训练；鼓励学生自主探究，培养学生的发散思维；灵活运用多种材料和表现方法，塑造鲜活的形象；提升教师自身的专业素质，示范讲究方式方法。

（执笔：赵秋菊）

第四章 如何弘扬传统工艺

《义务教育艺术课程标准（2022年版）》中指出，传统工艺是中华民族历史和文化的重要载体，是中国传统文化的根基，与人们的生活紧密相关，是心手相连的艺术。

在弘扬传统工艺时，可以选用不同的材质，让学生体验各种材料的特点、欣赏传统工艺的制作过程，引导学生理解传统工艺是中华民族文化艺术宝库中的瑰宝。在学做传统工艺时，着重引导学生观察工艺师是怎样选择适当的工具和材料制作工艺品的，又是如何巧妙构思和精心制作工艺品的，之后再让学生进行临摹与创作，培养学生精益求精的工匠精神。

现代科学技术高速发展，在传承传统工艺时，如何守住传统与发展的底线是重点。许多传统工艺在传承过程中对创新性的传承理念进行了异化，如有的传统工艺改变了原材料，有的实现了半机械化生产，有的传统工艺成了现代工艺等。帮助学生正确理解传统工艺的继承与创新是教学的重点。在教学中，教师首先要让学生理解传统工艺的形成与发展的过程，接着与学生一起分析工业发展中的问题，之后提出如何有效地保护传承传统工艺，同时指导学生学做传统工艺品，在学做的过程中紧贴社会文化生活、挖掘材料工具资源、探索传统工艺实践的路径，最后展示创作完成的工艺品，让学生感受中华传统工艺的博大精深。

在传承传统工艺的路上，要追求精益求精的工匠精神，守正创新，培育传统工艺的创造性转化、创新性发展的内涵，增强学生对中华文化的理解，培养学生的家国情怀。

（执笔：李玉亮）

一、弘扬传统工艺案例 1（篆刻教学案例）

追根溯源，传承篆刻艺术

案例背景

篆刻以篆书入印，以中华传统文化为底蕴，与传统书画艺术相结合，别具一格。篆刻艺术集书法、章法、刀法于一体，融合了德育、美育、智育等多方面的教育功能，是小学生修身养性、陶冶情操、培养审美、提高动手能力的有效手段。

2018 年，南京市教育局在全市中小学、职业学校推广普及篆刻艺术教育，我校被确定为市、区首批推广普及篆刻艺术试点校之一。篆刻是中国传统文化中的一种古老而独特的艺术表现形式，随着文化的发展与文字的演变，篆刻由实用信物逐渐衍化为独立的造型艺术门类。篆刻融民族性、时代性、趣味性、创造性于一体，容易入门。我校根据小学生年龄小、臂力小的特点，制定了行之有效的篆刻推广普及实施方案。在方案实施过程中，我对篆刻中的钤印思考颇多。

案例描述

遵循“深入浅出、溯流求源”的法则，受秦始皇在奏章上采用泥封的启发，我选择了孩子们喜欢的紫砂泥作为印料的替代品，巧妙利用紫砂泥来篆刻。紫砂泥较干时，刻出的印朴拙；紫砂泥湿润程度较大时，刻出的印活泼灵动。在内容上，想到学生对十二生肖非常熟悉，我要求学生从临摹十二生肖的肖形印入手，制作十二生肖肖形印。之后，我从学校是省象棋特色学校出发，要求学生用象棋中的单个字进行篆刻练习，后面再进行双字练习、多字组合练习，循序渐进地培养学生学习篆刻的兴趣，让学生从小接受篆刻艺术的熏陶。

在篆刻教学的过程中，我让孩子们欣赏篆刻艺术不同的表现形式，如“朱白相间印”“白文印”“朱文印”等，让他们进行讨论、自由交流。印章姿态万千，形状各异，非常有趣，学生在这些印章中，感受到了印章的金石之味、别具一格，感受到了印章的艺术魅力。孩子们用紫砂泥块篆刻时也出现了一些问题，如平整度不高、不能钤印等。

因为紫砂泥块印章的印面较大、平整度不高，所以我们采用拓印的方法表现。大红色彩挤到调色盘中加水调好，将调好的大红色彩轻轻平摆到刻好的泥块上，再用印纸或剪裁好的宣纸覆盖在蘸好大红色彩的泥块上，然后用手轻磨。之后轻轻打开一半看看印纸，拓印不清楚的地方，再蘸大红色彩补色，然后继续磨印。最后，将拓印纸轻轻揭开，印稿完成。孩子们看到自己用紫砂泥块篆刻的印章印出效果很好时，十分兴奋。

2019 年暑期，我校上报了二十几幅篆刻作品，参加南京市教育局举办的南京市教育系统推广篆刻艺术教育成果比赛的初选，我校有四名学生在初选中被选中参加市篆刻现场比赛。在市篆刻现场比赛中，有两名学生的十三件篆刻作品在南京市教育系统推广篆刻艺术教育成果展中参展。比赛那天秋高气爽，孩子们带着篆刻工具到达现场，广场上彩旗飘飘，比赛的地点在学校的小操场上，孩子们完成了自己的篆刻作品，在拓印过程中，因室外风大，阳光强烈，作品拓印效果非常不理想……

比赛前，我帮学生调好了大红国画颜料放在瓶中装好，也带全了拓印工具。但我没有考虑到比赛在室外，风大且阳光强烈，颜料刚摆到泥块上就干了，导致拓印不够清楚。最后只有两名学生的作品被选中，参加南京市教育系统推广篆刻艺术教育成果展。被选中的学生作品印面也不够整洁。这使我思考：怎样才能让学生篆刻好的紫砂泥块印章又快又好地钤印出来，同时可以根据印面进行修改，再次钤印，直到满意为止？

2019 年 11 月中旬，我又接到了市教研室的通知，让我利用我校开发的少儿趣学篆刻校本课程上一节篆刻展示课。我选择上《朱白相间的象棋印》一课，这节课既要让学生学习朱白相间的印章知识，又要让学生设计并刻出印章，还要钤印出自己刻的朱白相间象棋印。如果采用之前用大红国画色、用毛笔拓印出来的方法，时间上肯定来不及，效果肯定也不好，加之上次参加市比赛的教训，我必须想新的办法。

我查找资料，研究古人拓边款的方法，结合目前的钤印方法和紫砂泥块印章的特点，经过多次尝试，终于解决了拓印问题。因为紫砂泥块平整度不高，所以我觉得运用钤印方法行不通。因此，只能在钤印纸上做文章。如果用湿宣纸，印纸就能与紫砂泥印面更好的重合，这样就可以拓印了，我决定试试这种方法。把大红国画色改为印泥，钤印纸打湿反拓，用手轻轻拍打，果然印面清晰了很多。用这个方法，不到一分钟就可以拓印一枚紫砂泥块印章。后来在课堂上，孩子们用这种方法钤印出了自己的红白相间的象棋印，他们很高兴。

我给孩子们讲解篆刻的历史，让他们更深地体会到篆刻艺术教育的内涵和要义，努力把篆刻艺术的种子播种在孩子们的心田，让中华民族经典文化的种子开花结果，让孩子们在玩乐之中学习篆刻，感受中华文化的博大精深。

案例反思

本案例来源于对篆刻的传承，在实践中有许多偶然性。偶然性被解释为对于某件事情的未来发展完全无法预测，只能通过操作之后偶然间得到。学生学习篆刻艺术实践中的偶然性无时不在、无处不在。教者要充分抓住篆刻艺术实践中事物的偶然性，达到培育人的最大化的目的。

学生学习篆书、篆刻，能够增强民族自豪感。课堂学习能为小学阶段普及推广篆刻艺术奠定基础，让“小众篆刻”走向“大众篆刻”，让“古老篆刻”走向“现代篆刻”，在新时代里让篆刻艺术成为大众的艺术门类。

（执笔：李玉亮）

二、弘扬传统工艺案例2（纸雕制作教学案例）

传承传统纸雕艺术

案例背景

纸雕，也叫纸浮雕，它的起源可以追溯到汉朝。纸雕是一种以纸为素材、使用刀具塑形的工艺。纸雕也是中国传统的剪纸艺术之一。随着时间的推移，纸雕逐渐发展为一种独特的造型艺术形式，具有非常高的美感和艺术价值。在现代社会中，纸雕艺术已经逐渐走出博物馆和画廊，成为越来越多人生活中不可或缺的装饰品。

《剪纸》是三年级上册的内容，属于“设计·应用”领域，我选择了纸雕制作作为授课内容，旨在通过纸浮雕的制作，让学生了解和掌握基本的切割、折叠、粘贴等技能。这节课选材容易又贴近生活，容易引起学生的共鸣，并提高他们的动手能力和创意思维能力。同时，我们还将引入环保概念，培养学生的环保意识和责任感。

小学三年级的学生正处于身体和智力发展的重要时期，他们具有强烈的好奇心和求知欲，同时也需要更多的实践机会来发展自己的才能。通过纸浮雕的制作，我们可以为学生提供一个富有创意和挑战性的学习环境，让他们在轻松愉快的氛围中探索和发现自己的潜力。

综上所述，纸浮雕制作是一种具有悠久历史的艺术形式，纸雕制作融合了剪纸、绘画和雕塑，具有非常高的审美价值和实用价值。纸雕制作时，可以通过切、剪、折、卷、叠、粘等手法来制作各种图案和造型。它既有古老的传统技艺，也在现代工艺的支持下不断复兴和发展。

本文所述的纸雕制作教学案例，旨在通过纸雕制作，让学生掌握基本的切割、折叠、粘贴等技能，并体验纸雕艺术的独特魅力。同时通过环保概念的引入，鼓励学生思考如何利用废弃物创造美丽的艺术品。我们还可以培养学生的动手能力、创造力和环保意识，帮助他们发展自己的多元智能和自我价值。

本课的教学目标有三个。

一是认识中国传统工艺纸雕，提高学生的美学素养。二是能够熟练掌握纸浮雕制作的基本技法。三是弘扬中国传统工艺，加强文化自信，培养学生对传统文化及生活的热爱。

本课的教学重点有两个。

一是纸造型成型规律和制作方法。在纸浮雕的制作过程中，纸张成型的规律和制作方法非常关键，学生需要巧妙地运用折叠、剪裁等技巧，让纸张成为他们理想中的图案或造型。

二是纸浮雕的制作步骤。在纸浮雕的制作过程中，学生需要逐步完成各个步骤，如准确测量和剪裁、精细折叠和叠加、细致认真地黏合和润饰等。

本课的教学难点有三个。

一是如何发挥纸张的特性做出多样化的浮雕效果。学生需要深入了解纸张的特性和结构，例如纸张的质地、强度、韧性等，以便选择合适的纸张材料制作个性化的浮雕效果。

二是纸浮雕的设计与构思。学生需要学习如何在纸浮雕的制作过程中进行设计和构思，包括理解图形和三维形状，如何创造出有深度和层次感的形象等。

三是纸浮雕物体比例的掌握。纸浮雕也需要控制好物体的比例和大小，从而使整个造型始终呈现优美的效果。学生要不断练习和学习，逐步提高自己的技能水平，才能在制作过程中达到理想的效果。

本节课教师要准备多媒体课件、范画、背景音乐、彩色卡纸、剪刀、刻刀、固体胶、双面胶等。

学生要准备彩色卡纸、剪刀、固体胶、双面胶等。

案例描述

首先是导入环节，教师创设情境，引发学生的兴趣。

教师出示公园雕塑的图片，启发学生列举生活中见过的雕塑，并引导学生区分圆雕和浮雕的概念。

教师展示一组纸浮塑作品，并引出本节课的主题——纸雕制作。

然后是新授环节。

教师先带领学生探究纸的造型方法。

教师出示一组组合浮雕几何图形，要求学生尝试用最短的时间将平面的纸变成立体形态，从而引出纸雕造型的方法——卷曲、折叠、剪刻、团揉、粘贴等。

教师展示一组纸浮雕作品，引导学生认识纸浮雕的制作特点。

教师出示制作步骤，并让学生体验制作过程：画出外形、剪好形状、组合粘贴、整理完成。

之后，教师组织交流赏析，充实内涵。

教师通过课件展示纸浮雕制作的方法、材料、工具等，让学生了解制作纸浮雕所需的材料和工具以及如何使用这些工具。

之后，教师组织学生现场创作纸浮雕。

学生展演制作时，四个人组成一个小组创作一幅浮雕作品。这培养了他们的协作能力和创造力，在制作过程中，教师对学生进行指导。

在评价展示环节，每个小组展示自己的作品并分享制作过程中的心得体会。教师引导学生反思和总结同学作品的优点和不足。之后，教师评价学生的表现，对学生的优秀表现进行肯定和奖励，同时指出需要改进的地方，提出相应的建议。然后，教师布置课后作业，巩固学生的纸浮雕制作技巧，可以要求学生制作一个自己喜欢的纸浮雕作品并写一篇制作心得。

最后是总结拓展环节。

教师回顾本节课的重点和难点，并对下一节课的教学内容进行预告和安排，为下一步的教学做好充分准备。

教师还可以通过拍照或录像等方式对学生制作纸浮雕的过程和成果进行记录和分享，让更多人了解学生们的创作成就。同时，教师也可以将这些素材用于下一次的纸艺展览或其他活动中，为学生提供更多展示和交流的机会。

案例反思

通过本次教学实践，我意识到教学要注重纸雕制作的基础知识和技巧的讲授，也要强调学生的自主探究和设计能力的培养，引导学生积极思考和创新，不断探索纸雕制作的更多可能性，让学生感受到制作纸浮雕的乐趣和艺术价值。纸雕制作教学不仅可以帮助学生掌握基本的切割、折叠、粘贴等技能，还可以提高他们的美学素养，培养他们的协作能力和团队精神，引导他们思考环保的概念，鼓励他们从废弃物中创作美丽的艺术品。因此，在教学实践中，我们应该注意把握科学的教学方法，提高学生的兴趣和参与度。同时，纸雕制作培养了学生们对传统文化及生活的热爱，这进一步弘扬了中国传统工艺，加强了学生的文化自信。

（执笔：吴晔文）

三、弘扬传统工艺案例 3（面塑生肖兔教学案例）

对兔塑兔，“兔”发奇想

案例背景

《义务教育艺术课程标准（2022 年版）》中提到，学生在课堂中能利用不同的工具、材料和媒介，体验传统工艺，学习制作工艺品，知道中国传统工艺是中华民族文化艺术的瑰宝，增强中华民族自豪感。教师在美术教学中引导学生探索不同的工具和材料，有效运用生活中的素材进行艺术表现，能激发学生的学习兴趣，提高学生的高阶思维想象力。

面塑是一种在中国流传很广的民间手工艺，它取材容易、制作简便、贴近生活，深受人们喜爱。南京面塑不断从泥塑、雕刻、年画中汲取营养，丰富自己的艺术语言，逐渐成为深受观众喜爱的雅俗共赏的艺术品。教师在美术教学中要鼓励学生用不同的工具、材料和媒介，体验传统工艺。在学习《动物朋友》一课之后，我让学生欣赏其他材料表现的动物，看到了以“面”为媒介的作品后，学生交流在哪看到过类似的作品。有的说：“节日的时候，奶奶会做一些动物馒头。”有的说：“在一些景区会看见捏面人的艺人。”还有的说：“平时吃的动物小饼干也是面粉做的。”学生们交流分享，下课铃响了也不愿意休息。看到这种场景，学校让我在十二月上一节公开课，我决定给孩子们上面塑生肖兔一课。这样的课程让学生能够理解生活与文化，成为文化的传承者。

案例描述

环节一：兔子文化知多少

师（展示实物兔子）：同学们，今天有位特殊的朋友要和我们一起上课，瞧，它来了。

师：我们即将迎来农历兔年，从古至今，兔子都被看作瑞兽，有美好的寓意。仔细观看视频，你能从哪里找到兔子的身影？

师：同学们看得非常认真，人们为了追求美好的愿望，用不同的艺术形式表现兔子的形象。学校的面塑工作坊正在征集迎新年作品，今天我们用面塑造生肖兔。

环节二：探索发现，兔子特征

师：想要塑造栩栩如生的生肖兔，就要多观察兔子的特征。老师抓拍了很多小兔子的萌照，仔细观察，请你从外形、动态方面说一说它的特征。

师：你能用形状概括一下吗？请一个同学试一试。

生：耳朵长长似水滴。

师：很好。场景不同，兔子的姿态也不同。请各小组的同学围绕春节习俗讨论，春节你会做一只什么颜色的兔子，兔子在春节场景中正在做什么、是什么样的姿态呢？

生：兔子正在贴对联，站着或者半蹲着。

师：接下来请同学们拿出兔子的照片，选择一只你想表现的兔子形象，尝试用面塑制作。

师：请同学们说说你用了面塑中的哪些基本形和基本技法。

生：水滴状、椭圆形，搓、揉、剪……

设计意图：通过对立体造型的观察，引导学生了解基本形对于事物构成的作用，提升学生的美术造型知识。

环节三：面塑生肖，创意无限

首先，教师示范。

师：老师带来了一些面塑兔子作品，仔细观察这些作品，看看能不能给你带来一些灵感。接下来我们抓住兔子的主要特征（头部），简化身体和四肢进行细节的塑造，活灵活现的小兔就会出现在我们的眼前，老师来试一试制作卧姿兔子，除了卧姿的兔子形象，你还对什么状态的兔子感兴趣？如果塑造坐着的兔子，会用到哪些基本技法呢？请看视频。

之后，欣赏面塑兔子作品。

设计意图：通过知识回顾、教师示范和作品欣赏，学生能够塑造出不同兔子的形象。

环节四：作业要求

师：同学们的想法都很不错，上节课我们根据工作坊的征集要求用面塑造了春节习俗的兔子场景，让我们再仔细看看这节课的作业要求。

（1）小组合作，根据场景用面塑造不同动态的兔子形象。

（2）运用基本技法概括外形、刻画细节、添加装饰。

（3）小提醒：注意用刀的安全性。

设计意图：美术创作来源于生活，又回归生活。搜集更多媒材意在帮助小学生养成日常观察、收集和创新的意识。做一组兔子的目的在于让他们更好地学会观察生活，学会将自己的情感表现在美术创作上，帮助他们达到心手相应、情景交融的创作境界。

环节五：作业展示

小组说说自己的创意以及在制作过程中遇到的困难和解决方法。

其他组说说你最想去哪个场景看看，为什么以及有哪些更好的想法。

教师点评学生制作过程中的表现以及最后的展示效果。

设计意图：展示评述可以帮助学生完成心手的统一，提升学生的创作能力。

环节六：课后拓展

师：同学们创作了这么多精彩的面塑兔子作品，小兔子特别开心，它也为我们提前送来了新年礼物，让我们一起看一看。希望同学们能够继续创新定格动画，课后你们也用定格动画的形式拍一拍这些作品吧。

设计意图：传统文化和现代信息技术的融合。

案例反思

本课结合生活和传统文化，组员之间商量选择想要表现的情景，从“贴春联”“放鞭炮”“年夜饭”“看春晚”“看花灯”五个情景出发，分工合作，完成场景搭建和各种动态的面塑兔子。我给学生演示了坐姿、行走两个比较难的兔子动态，如何实现这些动态呢？我提出可以利用生活中的小工具，如牙签进行固定，有学生提出可以用扭扭棒，这样兔子的动作更加灵敏。师生共同合作，巩固与创新了本课所学技法。学生作业展示时的“兔子过新年”采用了现场直播的方式，这将本课推向高潮，学生的作品在大屏上展现，他们用最响亮的声音说出了自己的创意和在本节课的收获，他们用最诚挚的语言夸赞其他小组的面塑作品，我在他们的声音里听到了喜悦与自豪。

巧指摹形，妙手塑心，想要和学生讲好中华优秀传统文化，教师就要根据学生身心发展的特点精选教学内容。要想在思想文化上潜移默化地浸润学生，教师就应该让课堂回归到生活中，寻找适合学生且易得的材料，并在此基础上进行艺术加工与创新，“塑”出天马行空的想象，“塑”出多姿多彩的生活。

（执笔：张娇）

四、弘扬传统工艺案例 4（剪纸教学案例）

剪出中国的节气文化

案例背景

剪纸是一种重要的民间文化形式，体现了中国丰富多彩的民间艺术和传统文化。在新时代背景下，我们很有必要将传统剪纸文化融入教学中，本课计划通过剪纸创作的形式教授孩子们中国传统的节气文化知识。

本节课的主要教学目标有以下几点：一是让孩子们了解并掌握二十四节气的概念、历史、意义以及与每个节气相关的民俗活动和风俗传统；二是引导孩子们掌握剪纸技巧，通过练习剪纸，培养他们的创造力和动手能力；三是通过剪纸，让孩子们表达自己对于节气文化的理解和感悟，同时也增强他们的团队协作能力。

案例描述

针对小学生的认知特点，教师首先应该向学生们介绍中国传统节气文化的概念，并借助图片等辅助工具，简单介绍每个节气的名称、含义、民俗习惯等，帮助学生了解中国传统的月令和节令，增强他们对传统文化的兴趣和理解。

本节课要求每位学生准备关于某个节气的简单介绍，其中包括这个节气的历史、习俗和活动等。孩子们可以自己在图书馆或互联网上搜索相关资料，并根据自己的理解和感受进行整合和编辑。在本节课开始之前，老师会逐个进行点评，鼓励孩子们发表自己的观点和看法。

在介绍完节气文化之后，老师会为孩子们演示剪纸的基本线条和形状的剪法技巧，并让孩子们使用剪纸工具进行练习。学生可以采用不同的剪纸技巧进行练习，如折纸剪、简单剪和复杂剪等。

为了让学生更好地掌握剪纸手工艺，教师可以先向学生们介绍剪纸的基本技巧和剪刀操作技巧。然后，将学生分成小组进行制作，鼓励他们根据自己对节气文化的理解，设计并完成一幅或多幅与中国传统节气文化相关的剪纸作品。比如可以制作与某个节气相关的动植物、器具等图案，或是制作一个完整的节气主题剪纸作品。

在掌握了剪纸技巧之后，每个学生选择一个节气主题进行创作。教师可以给学生提供一张简单的节气图像，或者由学生自行选择节气图像，让他们根据节气表达自己的想法和感受。学生可以按照自己的设计，采用不同的剪纸技巧，实现作品的立体效果。

剪纸是一门古老的传统艺术，本课意在让学生初步认识剪纸的多种艺术风格特点，了解剪纸的特殊艺术语言，在实践中学习、感受、再实践，让学生对剪纸产生理性认知。从观察到想象、再从设计到制作，本课要让学生从中感受剪纸的审美特质与技法特质，培养学生良好的学习习惯。

在掌握了剪纸技巧之后，每个学生选择一个节气主题进行创作。在老师的指导下，孩子们可以选择一个简单的节气图像，或者自己设计一个符合自己理解的图像。孩子们可以按照自己的设计，采用不同的剪纸技巧，实现作品的立体效果，并在作品上添加一些有关节气文化的符号和意象。

之后，教师可以组织学生们互相交换、欣赏和讨论彼此的剪纸作品，让他们分享自己的成果并听取他人的意见。这有利于培养学生的团队合作和交流能力，同时也能够增强学生们对剪纸课的兴趣和参与度。

制作结束后，学生需要将自己的作品向全班展示，并讲解自己的创作思路和经验。同时，老师也要对每个学生的作品进行点评和引导，从而帮助学生提高自己的剪纸技巧和创作水平。最后，老师挑选一些优秀的作品进行展示和表彰。

之后，教师选择夏至节气向同学们讲解。

教师向学生介绍本堂课的主题内容和教学目标，讲解二十四节气的基本概念、历史和意义。

夏至是二十四节气中的第十个节气，一般在公历的6月21日或22日。夏至这天，太阳几乎直射北回归线，此时，北半球各地的白昼时间达到全年最长。对于北回归线及其以北的地区来说，夏至也是一年中正午太阳高度最高的一天。

教师为学生演示剪纸的基本线条和形状的剪法技巧，并让学生使用剪纸工具进行练习，例如剪出方形、三角形、圆形等常见的图形，帮助他们熟悉剪纸的基本技巧。

之后，教师再介绍一些高级技巧，如剪较复杂的图案、不同颜色的纸的搭配、利用剪纸实现立体效果等。

最后，学生展示，老师进行点评和思路引导。要想让学生了解节气的具体名称、时间、象征意义以及与之相关的民俗活动和传统风俗，教师可以依次为学生介绍每个节气，并配合生动形象的图片或视频资料进行说明，还可以结合现实生活中的例子或者有趣的小故事来加深学生的理解。在中国传统文化中，夏至有着重要的意义。夏至后，阳光变得更加强烈，民间有避暑、纳凉等活动。同时，剪纸也是中国传统文化艺术之一，夏至作为一个重要的节气，在剪纸中也是常常被运用的主题。剪纸作品可以根据节气的寓意进行设计，例如夏至节气中可以使用太阳等元素进行设计，以体现夏至的主题和文化内涵。

案例反思

在本堂课的教学中，学生通过剪纸将二十四节气和美术技巧有机地结合在一起。学生们不仅体验到了中华传统文化的魅力，还拓宽了自己的审美视野。同时，学生间的交流和分享增加了整个班级的凝聚力，增强了学生的团队协作精神。

小学美术剪纸课的教学，应该注重将传统文化的元素融入教学中，使其更具有时代性和实用性。唯有如此，才可以更好地激发学生们的创造力和创新思维，培养出更多具有创造力和文化自信的新一代美术工作者和传承人。

（执笔：潘秀秀）

五、弘扬传统工艺案例 5（麒麟石刻教学案例）

麒麟石刻中的文化传承

《义务教育艺术课程标准（2022 年版）》以核心素养为导向，核心素养主要有审美感知、艺术表现、创意实践、文化理解四个方面。其中文化理解主要以学习中华优秀传统文化，感受和理解我国深厚的文化底蕴，坚定文化自信，了解不同地区的历史与文化传统，形成尊重、理解和包容的文化价值观为目标。对于当下的美术教育工作者而言，如何在美术教育中渗透文化理解是他们应该考虑的问题。

本文以具有地域特色的校本课程《瑞兽麒麟》一课为例，以南京市江宁区麒麟街道的“麒麟”一词为中心词，从地域文化、传统文化、历史文化、创新美术等方面出发，促成独具特色的地域文化与小学美术课堂的一次碰撞。

在我国，地域文化是指文化在一定的地域环境中与环境相融合，从而打上了地域烙印的一种独特的文化，是特定区域的生态、民俗、传统、习惯等文明的表现。

本节课以学校地处麒麟街道导入，教师引入麒麟地区的地域历史。麒麟街道位于南京东郊，它的名称又古老又吉祥。明洪武二十三年（1390），这里建城门，取名麒麟门。据胡广《游阳山记》记载，城门上的“麒麟门”三个字为明初著名书法家、中书舍人詹孟举所书。有门必有路，麒麟门的建造，对于麒麟地区的发展无疑是有益的。宋代的《景定建康志》中有“麒麟市在上元县开宁乡，去城三十里”的记载。“麒麟”这一地名则可以一直追溯到一千多年前宋武帝刘裕在这里留下的一对巨大的神道石刻——瑞兽麒麟。清末至民国时期，麒麟门地区逐渐衰败，地表城门现已不存，仅存地下遗址，地名沿用至今，旧址大概位于今天的江苏省南京市江宁区麒麟街道。以地域历史作为切入点，既能增进学生热爱家乡的情感，又能激发学生对历史文化的好奇心。这些不可多得的地方资源，是学生触手可及的历史与文化，更是产生美的土壤。

美术是人类文化最早的也是最重要的文化载体之一，传承传统文化是美术课堂的使命之一。如何在课堂教学中潜移默化地让学生保护、传承、创新中华民族传统文化，是对教师的新挑战。

本课开始前，学生通过课前小调查了解了麒麟为什么被称为瑞兽。有些同学了解到，麒麟是中国古代神话中的一种瑞兽，与龙、凤、龟、貔貅并称为五大瑞兽，其寓意有麒麟送子、吉祥如意、辟邪等。据《瑞应图》记载，麒麟长着羊头、狼的蹄子，头顶是圆的，身上是彩色的，高大概两米。《说文解字》中记载，麒麟的身体像麝鹿，尾巴似龙尾，还长着龙鳞和角。

本课中学习的这尊麒麟石刻，守护了刘裕帝陵一千多年，这尊石刻既有中原的沉雄刚健，又有江南的灵动秀丽，承接了汉朝浪漫主义文化精神，气韵生动，充满无限的生机和想象。学生通过对初宁陵石刻的了解，对当地文化有了更深的热爱。

教师将本地域麒麟街道的特色历史文化与传统的麒麟文化相结合，形成了极具特色的初宁陵石刻文化，并将其融入本节课中。课前学习单让学生初步了解了瑞兽麒麟的传统文化内涵，师生讨论使学生明白了初宁陵石刻的外形特征。

教师课前带领学生去现场考察这两座保留至今的初宁陵石刻，它们屹立在道路的两旁，东为天禄有独角、西为麒麟有双角，长高各三米。两座石兽都是两眼直视前方，昂首挺胸，嘴唇下长须垂胸，腹部两侧有浮雕双翼，翼前部雕鱼鳞纹，后部饰六根翎毛，精美异常。石兽造型稳健庄重，与汉代石刻的风格相似。但在一千多年岁月的洗礼下，天禄胸、腹部剥蚀严重，缺四肢，股残、尾断，麒麟顶、膞残缺，腰、四肢均有裂纹。陵前石刻原来还有石柱等物，现已不存。学生被这两座石兽外形的凝重与古朴深深震撼，但看到石兽表面的伤痕又感到十分可惜，他们明白了文物保护工作的紧迫性。这时老师介绍，为了更好地保护这对南朝石兽，麒麟科创园管委会启动了对它们的数字化修复工作，专家团队查阅了数十万字的历史资料，进行了数十次南朝石刻调研，经过半年的努力，成功“再现”了麒麟和天禄的原始面貌。这是千年文物与现代科技碰撞出的火花。

本节课尝试把地域文化、传统文化融入小学美术教学的探索与实践中，又在继承传统文化的基础上把创新精神带入课堂之中，这也是对《义务教育艺术课程标准（2022年版）》中的核心素养导向的一次尝试，这种课堂形式对激发学生的学习兴趣、提高学生的文化素养、培养学生的创新精神都有重要的作用。

（执笔：崔蕾）

六、弘扬传统工艺案例 6（陶艺剔花教学案例）

让学生的童年飘溢着泥土的芬芳

案例背景

《义务教育艺术课程标准（2022 年版）》中规定的学习任务中有一项传统工艺内容，里面明确提出要体验传统工艺、学做传统工艺、传承传统工艺。陶艺属于传统工艺中的造型艺术，陶艺的玩法有很多。可以以“陶泥”为主，塑造各种各样的造型；以“釉料”为主，绘制万彩作品；以“素胚”为主，进行“剔花”或是“泥版画”创作。在小学美术课堂教学中，教师要根据学情、目标等合理安排教学内容。四年级下册教材中有关于鸟的系列课，课程要求学生观察鸟的造型并学会画出鸟的不同姿态，在把握真实鸟类形象特征的基础上，大胆夸张、变形、创意，设计出鸟的纹样。笔者以此为基础，在陶艺课上，让学生用陶艺剔花的技法在素胚瓶上表现鸟的造型与鸟的纹样。

四年级的学生已经养成了良好的学习习惯，他们对周围的事物充满好奇心，喜爱有趣可爱的小动物。前一课学习了鸟的造型后，学生已经有了画鸟的能力和一定的观察力，在前期的点线面学习中，学生已经初步掌握了纹样的绘画方法。对于大多数学生来说，在纸上画出鸟的造型不难，但在素胚花瓶这样的曲面上准确描绘出鸟的姿态并进行点线面的装饰有一定的难度。另外，从绘画能力来看，大部分学生作画大胆，但对细节的观察不够仔细，作画时缺乏耐心，作品缺乏细致的细节表现。综上，本课的作业要求孩子们能在素胚花瓶上画出鸟的外形，并能够在釉料上进行纹样剔花，画出富有姿态美、纹样美的作品。这对他们来说是有一定难度的，但是在教师的恰当引导下可以逐步实现。

本课的教学目标有三个。

知识与技能目标是初步了解陶艺剔花技法，认识纹样的表现特征，欣赏纹样以点、线、面、色彩组合产生的装饰美。

过程与方法目标是通过欣赏、体验、讨论、游戏等活动创造富于艺术美感的陶艺剔花，并学会用大胆夸张、变形等装饰方法进行设计。

情感态度与价值观目标是在体验、探索、游戏中体会适合纹样的独特艺术风格，并通过学习来表达我们的美好愿望。

本课的教学重点是学习陶艺剔花手法，并流畅地在花瓶上使用其技法描绘鸟的纹样。

本课的教学难点是用釉料表现鸟的姿态并用陶艺剔花手法刻画鸟的纹样。

上课时，教师要准备多媒体课件、球蛋扇形状纸片、优秀作品、素胚花瓶、釉料、剔花工具、干毛笔等；学生要准备素胚花瓶、抹布、剔花工具、釉料、干毛笔等。

案例描述

首先，复习导入本课内容。

师：同学们，春天到了，鸟语花香。今天老师带大家一起在花瓶上画出美丽的鸟儿，感受春天的气息。

师：上节课我们一起欣赏了鸟的造型、画了鸟的动态，我把你们的作业记录了下来，大家看看有没有你特别欣赏的作业，它的哪一点吸引了你？（出示学生上一课的作业）

学生表达观点，并说出欣赏的理由。

设计意图：通过复习前一课的内容加深学生对鸟的造型的印象，以学生作业评价的形式带学生回顾鸟的身体结构与动态，为后面的学习奠定基础。

其次，学习鸟的动态。

师：你们画的鸟儿姿态真美妙，有站着的，有正在捕食的，请大家欣赏视频，感受鸟的动态美。（出示鸟儿的动态视频）

师：观看了视频后，你们还发现了鸟的哪些其他动态？

生：飞行、鸣叫（啼鸣）、整理羽毛（理羽）。

设计意图：让学生了解鸟的更多动态，为后面的作业设计提供更多思路。

师：下面我们一起玩一个添画游戏，我来添、你来看，看是什么动态的鸟。

老师拿出表示鸟儿身体结构的三个形状（球、蛋、扇纸片），将它们一一贴在黑板上，形成站立的鸟儿的动态，并将嘴巴和脚添画上去。

师：你能转动这三张纸片来改变它的动态吗？

学生 A 转动代表鸟的头部的球形纸片，将头部往身体上靠，改变嘴巴的方向，将鸟变成理羽的动态。

学生 B 将三张纸片从下往上依次排列，加上嘴巴和脚，形成鸟觅食的动态。

师：请大家选择工具盘中鸟的身体部位，试着在纸上摆一摆，将其用胶棒贴在纸上，再进行添画，完成鸟的动态。

设计意图：此环节让学生直观地了解了如何改变鸟儿的动态。其实画出鸟儿的动态并不难，只要将三个形状合理摆放或者画出就行。

教师进行第一次示范。

师：老师选择了鸟的一种动态画在了花瓶上，请你们带着老师的问题观看老师示范，边看边思考。

问题 1：画鸟的动态大致分为哪两个步骤？

问题 2：老师的两支大小不同的毛笔分别用在了哪里？

问题 3：用毛笔的哪一部分描绘鸟的喙部（嘴巴）？

教师示范后给出答案。

答案 1：画鸟的动态步骤是先勾线再涂色，先画鸟形再平涂釉料，先画鸟身（胸背）再画鸟头，按照顺序画。

答案 2：大小不同的毛笔画的部位不同，大面积涂抹用大毛笔，画细节时用小毛笔。画画时尽可能细致些，小地方不要偷懒，要换成小毛笔平涂。

答案 3：用毛笔的笔尖部位勾画鸟嘴，巧妙运用毛笔的中锋、侧锋画鸟的不同部位。

设计意图：老师以示范的形式让学生了解如何用毛笔在花瓶上画出鸟的动态，学生带着三个问题观看示范。

之后，学生进行第一次练习。

师：请你拿起桌上的花瓶，观察花瓶的造型，你想画上鸟儿的什么动态，画在花瓶的哪个部位，能不能和我们分享一下？

生 1：我的花瓶肚子是圆鼓鼓的，我想在花瓶中间画上鸟儿飞翔的动态。

生 2：我的花瓶是瘦瘦高高的，我想在花瓶的下方画上鸟儿向上鸣叫的动态。

师：请大家观察花瓶的造型，用毛笔在花瓶的合适位置上画出鸟的动态，并用毛笔尖头画出鸟的外形再涂上颜色。

教师巡视，指导学生练习，适当选取典型作业进行分析讲解。

绘画过程中，需要注意以下三点。

一是花瓶造型有曲线，正面画不下时一定要及时转动花瓶，不能凭借手感来画。

二是画在花瓶下方时会发现上方空太多，可适当点缀些树枝或花朵等装饰物。

三是涂釉料时要细心，不能超出鸟的轮廓线。

设计意图：学生对花瓶造型进行观察之后，在心中会有个大致的构图，不同的花瓶造型适合不同的鸟儿动态。设计分层作业让作业难度降低，教师在学生练习时不断巡查也能及时发现问题、解决问题。

再次，教师带学生了解陶艺剔花。

师：刚刚你们用灵巧的双手画出了鸟儿的造型，各种动态的鸟儿都“飞”到了大家的花瓶上，请大家再仔细看看瓶子上的鸟儿，它还少些什么？

生：五官、羽毛纹路。

师：是啊，添上这些，花瓶上的鸟儿就更加生动了。（出示完成的作品）

师：你知道羽毛上的纹路是如何添加上去的吗？

生：是用笔画出来的或者是刻出来的。

师：这其实是用陶艺的剔花工具将鸟的羽毛等细节刻出来的。这是陶艺传统装饰的常用技法，叫作陶艺剔花。（教师边说边演示陶艺剔花技法）

师：哪位小朋友想上来当“小老师”，帮老师告诉同学们，在刚刚的刻画过程中我们需要注意些什么？

生：左手握瓶，右手拿剔花工具刻画时要慢、稳，否则会刻歪；使劲刻画时线条会粗一些，轻轻刻画线条就会细些；使用工具要注意安全。

师：“小老师”说得太好了。在鸟儿的翅膀部分还可以用不同的线区分羽毛的大小，自上往下依次是大弧形、小弧形和短线。

设计意图：此环节设计在教学过程中较后的位置，先让学生熟悉如何在花瓶上画鸟，之后再提出陶艺剔花技法，这主要是为了减少学生对新技法的陌生度。

再次，进行纹样装饰。

师：鸟儿自古以来就是人们绘画的主题之一，古代人还喜欢用特殊寓意的纹样装饰鸟儿。（出示纹样图片）你了解这些纹样的寓意吗？

云纹、水波纹象征人们对大自然的敬畏。回形纹象征吉祥连绵。牡丹纹象征富贵。葵纹像水涡、太阳，象征人们对大自然的崇拜。

设计意图：中国传统纹样中蕴含了古代人民的美好愿望，在历史悠久的花瓶上总能发现这样的传统纹样，加以这节课，可以让花瓶更加富有文化底蕴。

再次，教师对学生作业进行评价与展示。

评价从动态美、花纹美、构图美三个方面进行，教师以花代票，让学生手拿鲜花投进自己最欣赏的花瓶中。

教师请得花最多的花瓶主人说一说创作思路，再请学生说一说投票的理由。评价以他评、自评为主，师评为辅。

在展示环节，把花瓶放在铺了布的桌子上。

设计意图：以鲜花为票，投票的同时增强了作品的观赏性，评价方式多样、全面，以动态、花纹、构图三方面评价，也与本节课的知识点与目标一致。

最后，拓展与延伸。

师：你们的表现太棒了，很多小朋友在纸上画鸟很困难，你们今天在花瓶上画的鸟儿却只只都很精彩！你想把你的花瓶放在哪里呢？

生：卧室床头、玄关桌上、教室讲台上……

师：艺术源于生活，回归于生活。美术作品装点了我们的生活，美的艺术让我们的生活更加美好。期待你们探索陶艺更多的技法，发现更多美的艺术。

设计意图：让学生了解到美源自生活，生活不缺少美，缺少的是发现美的眼睛。

案例反思

课堂虽然只有短短的四十分钟，但是学习是无限的。陶艺教学不仅可以开发学生的思维，激发学生的求知欲，还能展现陶艺别具一格的特色和魅力。爱动手、好玩是孩子的天性，玩泥巴是孩子与生俱来的能力，陶艺课程要把玩泥巴带进课堂，把玩泥巴作为一种艺术，让学生的童年飘溢着泥土的芬芳。

（执笔：余瑶瑶）

七、实践反思

有人说，一个教师平平常常教十年书，抵不上一年反思。传统工艺教学现场和工艺实践是传统工艺教学最基本的实践形式和生命载体，完整的传统工艺课或一个典型的工艺实践教学片段实录，只要真实、鲜活，就能给人以强烈的身临其境之感。

在《义务教育艺术课程标准（2022 年版）》的指引下，教师们明白了要用传统工艺教学的道理来指导传承传统工艺实践。传统工艺强调亲自动手，实践示范是指导学生学习、帮助学生理解传统工艺及掌握传统工艺的制作的重要手段。传统工艺的课堂教学、实践实录、教学示范反思，必能引发教师们对整个教学的深度思考。

首先，追根溯源，事半功倍。

在小学推广普及篆刻艺术的过程中，教师受篆刻艺术欣赏的前提是“深入浅出、溯流求源”和秦始皇在奏章上用泥封的启发，选择孩子们喜欢的紫砂泥作为印料的替代品，巧妙利用紫砂泥的不同干湿度来篆刻。在内容上，从临摹十二生肖的肖形印入手，制作十二生肖肖形印。之后，利用学校是象棋特色学校的便利，先带学生用象棋中的单个字进行练习，再到双字练习，最后到多字的组合练习，内容由易到难，循序渐进地培养学生学习篆刻的兴趣，让学生从小接受优秀篆刻艺术的熏陶。在篆刻实践的过程中，让孩子们欣赏篆刻艺术不同的表现形式，如“朱白相间印”“白文印”“朱文印”等，让他们进行讨论，自由交流，让学生感受印章独特的艺术魅力。

其次，他山之石，可以攻玉。

传统手工艺是中国文化的重要组成部分，是中华民族文化艺术中的瑰宝。传统手工艺出自民间，服务于民，将实用和审美融合于一体，带有物质和精神的双重性。传承传统手工艺，在社会、经济、文化和政治等诸多方面都有着重要的意义。

《瑞兽麒麟》一课是有地域特色的校本课程，它以南京市江宁区麒麟街道的“麒麟”一词为中心开发而成。传承传统工艺有时要借助地域文化、传统文化、历史文化、创新美术等方面的文化知识。

在实施《瑞兽麒麟》一课的教学时，教师带领学生现场考察两座初宁陵石刻，只见道路两旁现存双翼石兽，东为天禄有独角、西为麒麟有双角，长高各三米。两座石兽都是两眼直视前方，昂首挺胸，嘴唇下长须垂胸，并在腹部两侧浮雕双翼，翼前部雕鱼鳞纹，后部饰六根翎毛，精美异常。石兽造型稳健庄重，与汉代石刻的风格相似。在一千多年岁月的洗礼下，天禄胸、腹部剥蚀严重，缺四肢，股残尾断；麒麟顶、腭残缺，腰、四肢均有裂纹。陵前石刻原来还有石柱等物，现已不存。石兽表面的伤痕让学生明白了文物保护工作的紧迫性。老师之后介绍，修复团队查阅了数十万字的历史资料，多次对南朝石刻进行调研，在把握六朝艺术整体风格和神韵的基础上，经过半年的努力，成功再现了麒麟和天禄的原始面貌。这是千年文物与现代科技碰撞出的文化传承与创新的火花。

有上千年历史的麒麟，借助数字技术再现了原貌。巧借一切可利用的资源，可以使传统工艺传承示范教学更加富有实效。传统工艺传承无定法，贵在得法。只要运用的巧妙，何愁学生不能在传统工艺的课堂上养成我们所期盼的工艺素养呢?

再次，止于留白处，催生创意。

留白是绘画中的一个术语，是绘画构图中的技法，讲究给欣赏者留下想象的空间。后来，留白延伸到了书法、文学、音乐、戏曲、建筑等领域，成为艺术创作追求的境界。

面塑生肖兔、纸雕制作等课例，就是利用留白的形式，留给学生想象的空间，激发学生的灵感。

教师示范时，要留有空白，以催生学生的创意。此外，在学生实践创作时也要留更多的展示空间给学生。苏霍姆林斯基曾说，有经验的老师在讲课的时候，好像只是微微打开一个通往一望无际的科学世界的窗口，而把某些东西有意识地留下来不讲。教师的示范适当留白，留给学生一个广阔的想象空间，而不是填满，这样的示范才能激发学生的思维，催生出无限的创意。

再次，点拨变化处，启迪智慧。

“点拨”意为指点或启发，在教学中，教师要多启发学生。在陶艺剔花一课中，教师对鸟的五官、羽毛、纹路进行示范，启发学生如何添加上去，并且让学生说一些操作细节。这些做法就是教者的一些细节上的点拨，让学生在具体的实践中得到启发。

陶艺剔花一课中教师的点拨，强调的是学生在学习过程中遇到困难时才进行点拨，这样有利于学生掌握课程内容。好的教学应不断去启发学生的想象力、感受力、判断力，用美术自身的独特去构建创新的基础及和谐多彩的人生。教师如果能以欣赏的心态、和煦的目光、丰富的激情去碰撞富有童趣的奇思妙想，对不同的答案都进行诠释和解读，也许会一步步把学生的思维向纵深引领。在《剪纸》的教学中，教师点拨学生通过剪纸，将二十四节气的传统文化和美术技巧有机结合在一起。学生们不仅体验到了中华传统文化的魅力，还拓宽了自己的审美视野和创造力。同时，学生间的交流和分享增加了整个班级的凝聚力，培养了团队协作精神。

点拨是纠偏，点拨是激活，点拨是拓展，点拨是评价，点拨能把学生从迷惑的、肤浅的此岸引向豁然开朗的彼岸。点拨是一种方法，点拨是一种理念。在传承传统工艺教学中，我们要充分利用点拨这一方法，让中华优秀传统工艺代代相传。

让学生从小学做传统工艺品，通过选用不同的材质、体验各种工艺工具、欣赏传统工艺的制作过程来宣扬中华民族文化艺术，增强学生对中华文化的理解，培养学生的家国情怀。

（执笔：李玉亮）

第五章　如何实现学科融合

《义务教育艺术课程标准（2022年版）》中提出了突出课程综合的课程理念，强调要“以各艺术学科为主体，加强与其他艺术的融合；重视艺术与其他学科的联系，充分发挥协同育人功能；注重艺术与自然、生活、社会、科技的关联，汲取丰富的审美教育元素，传递人与自然和谐共生理念，促进学生身心健康全面发展”。美术学科的四类艺术实践中的“综合探索”包含了美术内部综合、美术与姊妹艺术、美术与其他学科、美术与社会等内容。在美术学科课程内容概述部分中，新课标明确安排了融入跨学科学习的学习任务，要求教师能够组织学生以个人或小组合作的方式，将美术与自然、社会及科技融合，探究各种问题，提高综合探索与学习迁移的能力。这些都体现了此次艺术新课标所倡导的跨学科学习的理念。什么是跨学科学习？王大根主编的《中小学美术教学论》中指出，跨学科学习是整合两种或两种以上学科的观念、方法与思维方式以解决真实问题、产生跨学科理解的课程与教学取向。尹少淳老师在《新版课程标准解析与教学指导——美术》中指出，跨学科学习简单来讲，就是学生作为学习主体，发现并定义现实问题，以学科为依托并超出单学科视野对问题进行分析探究，最终提出创新方案以解决问题的过程。

（执笔：祁婷婷）

一、体现实现学科融合要求案例 1（与戏剧融合案例）

活态传承：美术与戏剧的深度融合

艺术是影响学生成长和发展的关键学科之一，学生在美术学习时不仅能感受艺术的形象美，还能进行学科知识的融合，促进身心健康发展。

《义务教育艺术课程标准（2022 年版）》中提出的教学策略方式从原来的单科学习转变成以美术为主的跨学科融合的综合学习。以三年级上册《皮影戏》一课为例，美术元素融合了皮影戏这种传统戏剧文化。

（一）小学美术与戏剧融合教学的实践探索

皮影戏对现在的学生来说是一种较为陌生的艺术表现形式。在学习《皮影戏》这一课时，教师进行了单元式主题学习，从认识皮影、做皮影、表演皮影戏三个方面带领学生进行皮影戏知识学习。

在《皮影戏》的学习导入中，我融入《义务教育艺术课程标准（2022 年版）》中艺术实践“融合”方面提出的运用戏剧方式进行知识学习的内容，让学生现场表演一段《三打白骨精》皮影戏。真实的场景、剧情配合、有节奏的戏曲音乐激发了学生制作皮影影偶的热情。教师用戏剧表演的形式引起学生对什么是皮影戏、什么是皮影影偶、皮影造型与现代人物有什么不同、影偶装饰有什么特点、怎么用美术的技法制作皮影影偶等相关美术知识的好奇。

在认识皮影环节，我采用探寻历史文化的形式向学生介绍皮影戏。我带领学生通过视频，认识皮影戏的表演工具、皮影的制作材料和制作步骤。之后，学生通过知识学习单对皮影流派的介绍，了解了山西、陕西、山东等不同地区皮影戏流派的基本特色。小组合作探究皮影人偶如何从三分脸、五分脸、七分脸表现人物的性格特征，其中造型最多的为五分脸，即正侧面，也有一些反面角色用的是七分脸，有一只半眼睛。之后，学生观察人物身体造型上的装饰图案，发现是传统图案和一些吉祥纹样，有祥云纹、水波纹、龙纹、牡丹等，并且用了镂空的装饰手法。之后，学生学习操作皮影。

依据《义务教育艺术课程标准（2022年版）》美术学习内容中第二学段学习任务中“学做传统工艺品”的内容要求，学生在欣赏皮影影偶的同时，要学习特定的制作方法，体会工匠精神。学生们热情高涨，小组抽签选择不同的皮影故事人物进行绘制。传统影偶制作包括选皮、制皮、画稿、裁剪、雕刻、着色、刷清油、装配八道工序。皮制皮影成本较高，制作难度较大，因此在皮影创作过程中，教师采用透明胶片制作传统影偶人物。将暗扣、胶片和自行车辐条钢丝组合，通过画、剪、拼插接等制作方法完成影偶制作，同时，注意演示手臂的安装顺序，保证各个关节在用操纵杆操纵时灵活易造型。

在《皮影戏》教学中，皮影的制作只是其中一环，最精彩的是用美术技法制作的影偶表演戏剧故事。考虑到皮影戏的唱腔对小学生来说有难度，教师可以对剧情进行简化处理。学生以小组合作的形式，撰写故事情节脚本、选择适当的背景戏曲音乐，最终让制作的皮影真正在白色幕布上动起来，亲身体验激发了学生对传统文化的主动认可，最终实现了传统戏剧文化的传承。

（二）小学美术与戏剧融合教学的意义

1. 美术与戏剧的融合有利于提高美术课堂的趣味性

戏剧与美术都是艺术的表现形式。戏剧是一种有声、有情节、有形象的艺术活动，不论是皮影戏的影偶表演、木偶戏的舞台表演，还是京剧、越剧这样真实的人物表演，丰富的肢体语言配合音乐，打破了美术课堂教学中平面、单一的绘画传授，教师将戏剧的情境融入课堂，营造了课堂学习的氛围，提高了学习内容的趣味性，给学生的绘画创作或手工制作提供了直观的素材，这样，学生就不会出现“下笔无物”的现象。

2. 美术与戏剧的融合有利于提高学生的合作性

在美术课堂中融入戏剧的表演形式，让只是绘画或者制作的美术课堂多了演一演的环节。《义务教育艺术课程标准（2022年版）》中的戏剧课程内容指出，一到二年级学习戏剧主要是依托唱游·音乐实施，三到七年级主要是采用“课本剧表演”和“戏剧游戏”开展学习任务。在美术学习中，融合戏剧的演一演不是一人可以完成的，为了完整的成果演绎，必须进行团队合作，所以戏剧形式的融合有利于提高学生的合作性。

3. 美术与戏剧的融合有利于激发学生对传统文化的热爱

皮影戏是结合了绘画、剪纸、传统戏曲、音乐等多种艺术进行的再创新的非物质文化遗产，是具有综合性的中国传统文化。高涨的学习兴趣是上好一节美术课的良好开端。在《皮影戏》这一课的学习中，教师直接将皮影戏的演绎带到课堂，让学生直接感受皮影戏的场景布置和演绎工具，生动的表演形式拉进了学生与传统戏剧的距离。了解皮影戏之后，学生充分感受到了我国传统戏剧的精彩，增强了文化自信。

（三）小学美术与戏剧融合教学的可行性

1. 美术与戏剧具有共通性

美术在呈现形象、色彩等方面有自己的优势。戏剧在表演、情境体验上也有自己的优势。美术在戏剧中的运用很常见，两者之间存在联系。

在《皮影戏》这一课中，教师对影偶人物的服饰装饰元素中用到的传统花纹、点线面的设计进行了讲解。美术教材中除了《皮影戏》，还有《看戏》《偶戏》等课。

2. 新课标提供了学科融合的依据

《义务教育艺术课程标准（2022年版）》中提出，以各艺术学科为主体，加强与其他艺术的融合，充分发挥协同育人的功能；注重艺术与自然、生活、社会、科技的关联，汲取丰富的审美教育元素，传递人与自然和谐共生理念，促进学生身心健康全面发展。

把传统戏剧艺术融入美术课程中，是当今教育的大势所趋。

3. 符合以美育人的课程理念

在教学过程中，教师以落实核心素养为主线，引导学生积极参与各种艺术实践活动，感受美、欣赏美、表现美、创造美，丰富学生的审美体验，通过不同艺术的学习激发学生的兴趣、拓宽学生的知识面。教师把一些元素融合到美术学习中，可以让学生更直观地了解艺术之间的相互关系。充分发挥艺术课程在培育学生审美和人文素养方面的重要作用，最终开拓学生的艺术视野。

（四）教学反思

传承优秀传统文化，坚定文化自信，必须从孩子抓起。对于大部分学校来说，戏剧课程应该是以欣赏为主。《皮影戏》这一课以美术的形式，让传统戏剧皮影得到了活态传承。本课通过单元式学习，带领学生了解皮影戏文化，让孩子们参与到皮影戏的表演中，培养学生对美术、戏剧、音乐等多元文化的批判性思维，增强学生对本土文化的自信以及传承文化的责任感与使命感。因为了解而热爱，因为热爱而传承，在建立文化自信的同时让我们共同传承中国文化。

（执笔：程雨晴）

二、体现实现学科融合要求案例 2（与科学融合案例）

趣味“虫”生

自古以来，美术就不是孤立的艺术领域，而是一个与社会、文化、科技等领域有着千丝万缕的关系的跨学科领域。美术课程的跨学科学习是基于学生的兴趣和直接体验，围绕真实的情境化主题，以美术课程为主干，引导学生整合美术和不同学科的相关知识、技能和思维方式，主动探索、研究、创造与综合解决问题的学习活动，强化课程的协同育人功能。

在小学美术课堂中进行跨学科融合教学，可以让学生在学习美术的同时也能了解掌握其他学科的知识，拓宽学生的知识面，也可以培养学生自主学习的意识，提升学生的探究能力。学科融合的教学模式，让课堂更加生动有趣，让学生的学习过程更加深入、学习兴趣更加浓厚，还可以培养学生的综合素养，提高学生的创新能力、实践能力。本文以《虫虫虫（一）》一课为例，在教学中与自然相融合，整合语文、科学知识，以自主合作、探究性的学习方式，进行了跨学科、多课时教学的探索。

《虫虫虫（一）》属于“造型·表现”领域，教学目的是引导学生观察昆虫的特点，体会昆虫的美感，培养学生勇于探索的精神。大自然中有许许多多有趣的昆虫，他们有着奇特的外形和绚丽多彩的颜色，为大自然增添了光彩。在我们的身边也经常能看到各种各样的虫，虫的世界对于小朋友们来说充满了吸引力，本课的内容非常切合二年级的孩子的兴趣点，孩子们对这一课都有着非常浓厚的学习热情和积极性。二年级的学生年龄较小，阅历有限，知识储备较少，思维活动也主要依赖直观形象。在教学中为了增强学生的直观感受，激发学生的学习兴趣，我针对二年级孩子的特点，设计了以下学习任务。

活动一：初看虫之颜

《义务教育艺术课程标准（2022年版）》中指出，美术要注重与自然的关联，充分利用周围的自然资源，拓展学生进行综合性学习的领域。为了能让学生在真实的教学场景中发现问题、探究问题，我融合科学学科的教学方法，在正式上《虫虫虫（一）》一课之前，带着学生进行了一次课前探究，我们对身边的环境进行大搜索，寻找身边的虫，让孩子走进虫的世界。我们学校是园林式校园，学校里随处可见小树林、小花园，还有种植了许多蔬菜的菜园，这些都是虫的栖息地，因此，教师组织学生以小组为单位进行室外探究活动。

活动开始前，教师首先让学生说一说自己认识的昆虫，自己喜欢什么昆虫、它长什么样子，昆虫的家可能会在哪里。然后分小组在指定区域进行观察，每组可用老师提供的昆虫收集器捕捉昆虫，再把捉到的昆虫放入昆虫观察盒。捕捉时注意安全，也要注意不要伤害到昆虫。之后分小组用放大镜观察本组捕捉到的虫子的外形、色彩等，并填写《虫虫观察记录表》，填写时，着重记录观察到的虫子的外形特点、结构等，也可以对虫子的生活习性、本领、生活环境等进行记录，感兴趣的或不懂的问题都可以记录下来，以便在后面的学习中提问，也可以回家后自己查阅资料。借助自然课堂中的丰富素材，学生近距离地观察虫、了解虫，形成了对虫的初步感受。千姿百态的昆虫也吸引了孩子们的兴趣，他们用充满好奇的眼睛去观察昆虫，用耳朵去倾听大自然的声音，此时此刻，他们就是一个个小小的探索者。

活动二：探索虫之密

通过课前的室外观察，学生对昆虫已经有了初步的了解。正式上课时，教师要引导学生再次深入探究昆虫的秘密。教学中，教师先利用视频带领学生走进昆虫的世界，感受昆虫独特的身体结构、花纹与色彩，再通过“大家都来猜一猜”的小游戏，出示虫子的局部图片，让学生猜一猜是什么昆虫，进一步激发学生的学习兴趣。

分析昆虫特征与结构时，教师引导学生结合室外探究活动时的观察以及《虫虫观察记录表》，分享自己的发现，同时把科学课上的昆虫标本和观察工具引入美术课堂中，按小组分发昆虫标本，各个小组用放大镜有顺序地观察昆虫标本和昆虫模型。通过观察，教师引导学生总结昆虫的共同特征与结构，知道昆虫的身体可以分为三个部分：头部、胸部、腹部。昆虫的头部有一对触角、眼睛和口器，胸部有两对翅膀和三对足。找出昆虫的共同点后，各小组结合本组的昆虫标本和模型，再详细介绍各自小组的昆虫的特点、本领以及生活习性。在学生了解了昆虫的特征、结构和本领后，教师设计了一个“连连看”的小游戏，在游戏中让学生加深对每种昆虫的了解。比如蝈蝈是跳高高手，它的腹部很长；蜜蜂是建筑师，它们爱群居，有自己的社会，身上是黄白相间的花纹；天牛有很长的触角，触角常常超过身体的长度；七星瓢虫被称为“活农药”，它的壳圆圆的。小游戏让学生在轻松的氛围里更深入地了解了不同昆虫的特点。

通过课前探究和课堂上的标本、模型观察，教师引导学生细致地了解了各种昆虫的外形特征、结构特点，这对引导学生在后面的美术创作中表现昆虫的造型很有帮助。在美术课上进行科学探究，可以将创作对象绘制得更加形象，也可以使美术的学习充满趣味。

活动三：再绘虫之像

有了前面对虫的观察分析，孩子们对虫已经有了深入的了解，接下来就是让学生来画一画虫。此环节的教学，可以先让学生欣赏各种虫的图片，再让学生欣赏各种虫的绘画，感受不同方法画出的虫给人带来的不同的视觉感受。教师从众多的虫里面选择一种虫进行示范教学，示范环节对学生独立尝试绘画昆虫有着至关重要的作用，教师的示范不仅是示范画出一只虫，更重要的是教给学生方法。示范时，老师先让学生跟着自己学画昆虫的基本形，之后学生再结合老师提供的虫的标本、模型、图片，观察自己喜欢的、想画的虫的特征，在基本形的基础上进行添加或变形，添画出虫的细节。教师示范时要边画边强调虫的结构，加深学生的印象，也可以用微视频录制其他昆虫的绘画步骤，给学生更多选择。教师还可以引导学生用夸张、变形、添加的方法把它们装饰成漂亮的图样，变成有趣的装饰虫、拟人化的虫、有漂亮图案的虫、有鲜亮颜色的虫，这样画出的虫才会多姿多彩。

活动四：感悟虫之趣

虫的世界会有什么有趣的事情发生呢？课上，教师给学生观看动画电影《昆虫总动员》《虫虫危机》和科普纪录片《微观小世界》片段，生动的剧情激起了学生对虫世界的兴趣，为本课的学习进行了铺垫。接着，教师以绘本《小青虫找妈妈》为例，带学生共同阅读绘本，分析绘本中的形象，学习绘本的创作方法。之后，教师再让每个小组阅读不同的昆虫绘本，如《屎壳郎的日记》《蜻蜓的日记》《蚂蚁的日记》《蜜蜂的日记》《蟋蟀的日记》《蝉的日记》《瓢虫的日记》《虫虫游园会》《好饿的毛毛虫》《做梦的房子》等。优秀的绘本是一流的图画和一流的文字的结合，绘本中蕴藏着很多可以借鉴的美术教学资源。绘本作为一种图文结合的阅读材料，其以图叙事的形式符合儿童的身心特点与认知能力，通过阅读与昆虫相关的绘本，孩子们知道了许多发生在虫世界的有趣故事，创编故事的兴趣大增。在孩子们开始喜欢虫的时候，教师再引导学生自编有关虫的故事，故事的主角可以是上一课画的昆虫，也可以重新设置主角。有了绘本故事的引领，学生的兴致非常高，思维也被打开了，有的想到了自己和虫的故事，有的想到了同一种虫子之间的故事，有的想到了不同虫子之间的故事，还有的想到了虫子成长的故事，孩子总是不缺乏创意，想出来的故事真是一个比一个有趣。

活动五：乐创虫之景

有趣的故事就像一个好的剧本，有了剧本就让学生画出来。一个故事画在一张纸上，就成了连环画；一个故事分页去画，则成了简易绘本。在作业环节，我让学生根据自己的喜好和绘画水平进行选择，既可以画成绘本的形式，也可以画成连环画的形式。教师在教学时要重点指导学生如何将故事画成画，老师以一个小故事为例，先将故事提炼成几个场景，再示范画出每个故事场景，同时也要注意角色形象前后的一致性，最后配上文字。这样的作业形式有一定的难度，但学生非常感兴趣。绘本的创作如果让一个学生完成，则从构思到完工需要的时间较长，在此可安排小组合作，小组先从小组成员编的故事里确定一个故事，然后安排小组里每个人画一个故事情节，最后再组合成一个绘本故事。通过小组合作，学生在一节课内即可完成一本虫的故事的绘本创作。学生把画好的连环画和绘本展示在实物展台上，大家一边看图，小作者一边把故事说给大家听，可爱的虫虫形象配上有趣的故事，一个个小听众听得入了迷。

以下是教学反思。

《虫虫虫（一）》的跨学科融合探索改变了传统的课程形态，将美术学科“欣赏·评述”“造型·表现”“综合·探索”方面的要求融入主题活动，把美术教学与自然相融合，让学生走进自然，探索自然。教师将美术与科学相融合，学生在学习任务的驱动下，以小组合作的方式对昆虫进行观察，通过提出问题、探究问题，了解昆虫的身体结构特点、不同昆虫的外形特点，感受昆虫的造型美、色彩美、纹样美。教师将美术与语文学科相融合，以有趣的昆虫绘本融入美术课堂教学，引导学生编故事、画故事、说故事。教师通过跨学科融合的教学理念，让学生的美术学习变得综合、丰富、有趣，也让学生能够以更全面的视角和思维去感知、观察、认识客观世界的美，真正把学生的美术核心素养的培养落到实处。

（执笔：祁婷婷）

三、体现实现学科融合要求案例 3（与语文融合案例）

描绘春天、赞美春天

案例背景

《义务教育艺术课程标准（2022 年版）》给我们指明了新的前进方向，其中指出，美术是人类文化的重要组成部分，它与人类社会生活的方方面面都有联系，因此，美术学科的教育不仅是单纯的技能和技巧方面的训练，还是一种文化的学习。《义务教育艺术课程标准（2022 年版）》还要求现在的美术课堂要坚持以美育人，重视艺术体验，突出课程综合。按照现阶段国家对教育的要求，跨学科知识的融合与渗透是课程改革的趋势，这就意味着现在我们在上美术课时可以发散思维，尝试将美术课程与其他课程进行融合。小学语文学科与美术学科有着千丝万缕的关系，纵观小学语文课本，都是文中有图，图中有文，图文并茂。低年级的语文课本，更是以图画为主导，引导学生通过图画的形式来识字和提高对学习的兴趣。时代的发展要求我们更新教学理念。当然，融合课程也能更好地培养德智体美劳全面发展的社会主义建设者和接班人。

案例描述

首先，寻找春天。

一年级的美术教材中，有一课是《春天的色彩》，我选择了这一课进行学科融合式教学的尝试。

《春天的色彩》的授课安排在春天，与学生的生活贴近，孩子们每天在学校活动的时候都能感受到春天。鉴于一年级学生的年龄特点和认知水平，课程的导入我出示了四首古诗，它们分别描写了春、夏、秋、冬四个季节。《村居》："草长莺飞二月天，拂堤杨柳醉春烟。儿童散学归来早，忙趁东风放纸鸢。"《晓出净慈寺送林子方》："毕竟西湖六月中，风光不与四时同。接天莲叶无穷碧，映日荷花别样红。"《山行》："远上寒山石径斜，白云生处有人家。停车坐爱枫林晚，霜叶红于二月花。"《江雪》："千山鸟飞绝，万径人踪灭。孤舟蓑笠翁，独钓寒江雪。"我带领学生读了一遍，之后让学生来找一找，这四首古诗中哪一首是描写春天的，春天有哪些特点和颜色。

其次，感受春天。

在这个环节中，我带学生欣赏了很多春天的美丽画面，提问学生都看到了什么。孩子们的回答都围绕着图片，如"我看到小草变绿了""我看到桃花开了"……原本诗情画意的景象，在孩子们眼中却变成了一张普通的图片。课后我反思了这个环节，是我没有从一年级孩子的认知角度去思考导致了这个问题。一年级的孩子入学还没到一年，字都没认识几个，想要他们用精美的语言来描述看到的春天美景是不容易的。想到这里，我重新设计了课程，在"感受春天"这个环节中，我将春天美丽的景色都画在了画卷之中，并配上了教师录制的一段散文描述："翻开大自然的画卷，第一位是春天的使者——迎春花，他黄色的小喇叭'嘟嘟'一吹，整个世界都发生了变化。看，小草偷偷从土里钻了出来，他肯定是听见了春天的脚步声。这里一片，那里一片，那深深浅浅的绿色啊，就像是铺了一块厚厚的毯子。粉色的樱花也穿上了美丽的裙子，她是专门来参加春姑娘举办的舞会的。田野里，金灿灿的油菜花、白色的梨花、粉色的桃花……”我提问，看了这幅美丽的画卷，你可以用一个词来形容你看到的春天吗？学生想了想，回答出很多让我很吃惊的答案：美丽、五颜六色、五彩缤纷、姹紫嫣红、花团锦簇……此环节通过图片赏析凸显了美术的视觉性，用优美的语句和拟人化的语言描述吸引了学生的注意力，提高了学生的语文阅读和美术欣赏能力，同时也强调了美术与语文学科之间的融合。

再次，描绘春天。

我计划用两节课的时间来完成“描绘春天”这一环节。第一节课，我带领学生们用水粉颜料来表现春天的色彩，让学生体验水粉湿画法带来的“润”的感觉。我把孩子们刚才总结出来的形容春天的词语展示给大家，让学生根据词语的意思和表现的色彩来绘画，比如万紫千红、绿意盎然、色彩缤纷……孩子们能从词语中提炼春天的色彩，然后用手中的颜料进行渲染，淡淡的水彩透出了春天清新的感觉。第二节课，孩子们就在之前五彩斑斓的画布上进行创作，小画家们可以用不同的工具材料和表现方法来表现春天。绿色让我们想起草地和翩翩起舞的蝴蝶，蓝色让我们想起春天的天空和小河。有学生用水彩笔画出了粉色的桃花、白色的梨花，有学生用撕纸瓶贴表现出了大片金灿灿的油菜花和遍地五颜六色的郁金香，也有学生用油画棒画出了细细的柳条和南归的小燕子。在这样的情境中，学生找到了与抽象的词语对应的真实画面，并通过对文字的理解，将其体现在绘画作品当中，这种融合教学适合小学生的年龄发展特点，有效地激发了小学生的想象力和创造力。

最后，赞美春天。

在作业展示环节，我将学生的作业贴到一本大大的本子上，大家共同完成了一本班级绘本《春天的色彩》。我们一起欣赏这本美丽的绘本。老师翻到哪一页，就请对应的小朋友来介绍一下自己的作品，可以用一句自己熟悉的古诗词来介绍。在这一环节中，我发现孩子们学习的古诗词还比较少，要他们从自己的画面中去提炼古诗，是有一定的困难的。后来我更改了思路，让孩子们根据自己的画自编一首小诗，在老师的启发下，学生用稚嫩的语言描述着自己的作品："春天的柳条细细柔柔，像小女孩的头发随风飘动；小燕子从南方飞回来了，他告诉大地'春姑娘来了'……"最后的作业展示与学生充满情感的表达，使这节美术课沉浸在一种如诗如画的意境之中。

案例反思

课程融合要注意学生的认知水平，不能丢失自己学科的特性，不要忽视教师的主导作用。小学美术与语文学科的融合，不仅可以发挥学生的创新力和想象力，还有效提高了学生的阅读能力与表达能力，这对学生的全面发展和提高综合素质具有十分重要的意义。

（执笔：周海燕）

四、体现实现学科融合要求案例 4（与信息技术融合案例）

合理运用信息技术，助力美术课堂

《义务教育艺术课程标准（2022 年版）》中指出，美术课程的改革不仅是内容的改革，也是教学过程和教学方法的改革。重视教学过程和教学方法的改革，是本次课程改革的一个重要特点。随着知识的增长和认知能力的提高，大部分小学中年段的学生能较好地表现出平面造型，在绘画方面初显写实的倾向，有一定的自主学习能力，模仿能力较强，表现欲强烈，能够进行造型游戏活动，可以结合语文、音乐等课程内容，展现自己的创作意图，对新鲜事物有强烈的好奇心与探究欲望。信息技术可以结合学生的学情，与美术课程有机融合。

信息技术与美术课程的有机结合，为美术课程的改革注入了新生力量。但是部分老师在融合实践的过程中产生了一些误区。教师在美术课程中该如何实践？如何更好地落实课堂教学？本文就信息技术在小学中年段美术教学中的实践路径及误区进行了分析探讨。

（一）信息技术在小学中年段美术教学中实践的误区

由于信息技术的便利与发达，越来越多的教师喜欢在课堂中运用信息技术。但是，随着技术越来越成熟，程序越来越繁多，部分老师在信息技术与教学的实践中也出现了一些误区。

1. 忽视了学生的主体地位

学生不仅是教育教学活动的对象，还是教育教学过程中的主体。《义务教育艺术课程标准（2022 年版）》要求我们更新教育教学理念，转化传统教育教学中的师生地位。在信息技术与课程融合的过程中，有些教师为了使用信息技术而使用信息技术，学生应接不暇，没有理解与思考的时间。教师只顾自己的课堂是否“高大上”，忽视了信息技术是否适合学生的年龄特点，是否适合这节课的知识点。正确恰当地使用信息技术能够调动学生的积极性，促进学生的思维发散。留给学生思考、操作的时间，才能够充分发挥学生的主体性。

2. 减弱了教师的主导地位

教师在教学中的主导地位不需多言，但有些教师为了方便省事，整堂课围绕课件从头讲到尾，忽视了教学的实际效果，忽视了自己的主导地位。信息技术只是一种工具、一种途径，是为更好地落实教学而服务的，不能喧宾夺主。美术课是对教师的专业技能要求较高的一门学科，尤其是在教师的示范环节，教师需要对笔法的运用和绘画的方法进行示范讲解，其主要目的是技法的展示和方便学生理解、模仿、内化。教师充分发挥领导组织作用，才能够更好地落实教学任务。

3. 削弱了师生、生生互动

美术课是一门需要不断认知、不断实践的学科，美术课堂也应该是老师不断传授、启发，学生之间合作、探究知识技能情感的一门学科。有些教师为了凸显信息技术而不断运用信息技术，以学生与信息技术、教师与信息技术之间的环节代替了师生互动、生生互动的环节。良好的师生、生生互动有助于老师了解学生掌握知识技能的情况，有助于学生更好地理解、掌握所学，有助于之后的学习进度的调整。我们可以借助技术手段，但不能被技术手段所束缚。

（二）信息技术在小学中年段美术教学中实践的途径及优势

1. 导学先行，提高效率

随着信息技术的发展，各种方便人们学习生活的小程序应运而生。为了更有效地促进学生的学习，我利用信息技术为同学们制作课前的导学资料。

我在《飞机》这一课授课前，使用问卷星进行前置性学生自评。问卷星是一个专业的在线问卷调查、测评、投票平台，与传统调查方式相比，问卷星有快捷、易用、低成本的明显优势。学生通过自评问卷，了解了飞机的种类、起源、组成等知识，这激发了学生上课的兴趣。同时，我又能根据问卷星的反馈适当调整教案，将有限的课堂时间集中到写生飞机这一难点上，这能够更有效地完成本课的三维目标。

2. 视听结合，创设情境

美术课不仅是绘画课，还是赏析课，教师在提高学生绘画技能的同时，也要注重学生的审美体验，提高学生对于美的鉴赏能力。情境创设可以增加美术课堂的多元性，课堂妙趣横生，学生才能化被动学习为主动学习。在平时的美术教学活动中，我们可以尝试制作一些与美术课程相符合的视频或动画，提供多样的学习材料，创设相应的课堂情境，帮助学生们更快更好地感知美术课的学习内容，陶冶情操、完善人格，达到润物细无声的效果。

在教学《剪纸》这一课时，我根据剪纸的历史、特点，自己写台词、配音、选取图片，剪辑制作了认识剪纸的视频，“剪随纸转、心随纸动，体现了劳动人民的喜怒哀乐，数千年的时光，谁把岁月剪成诗……”在短短一分半的视频里创设了典雅的文化情境，学生沉浸在剪纸带来的视听震撼中。通过视频，学生们既欣赏了美丽的剪纸，又对剪纸的知识有了一定的了解。看着孩子们认真观看、倾听的神情，我知道这个视频已经吸引了他们。看完之后，有的孩子甚至还想再看一遍。在接下来的课堂学习中，学生们自然全神贯注。

3. 微课辅助，攻坚克难

美术课是一门需要动手、动脑的艺术。在美术教学活动中，微课能够有效吸引学生，帮助学生理解本课的重难点，也可以帮助教师优化教育方式，培养创新人才。微课可以重复播放、有选择的播放，美术教师通常任教多个班级，如果能在有限的课堂时间内高效率地解决课程的重难点，节约下来的时间就可以对学生进行有针对性的指导，使课堂更加方便灵活。

同样是在《剪纸》这一课，我课前录制了微视频“四折团花”，这是《剪纸》这节课的重点内容，学生能够边看边操作，并随时组内交流。学生学习和交流后若还有疑惑，再由老师示范解疑。通过微视频的学习，同学们能够主动探究、合作学习。信息技术的介入使得课堂不再是老师的“一言堂”，当学生们通过学习老师制作的微视频而掌握了四折团花的制作技巧后，学生更能够体验成功的快乐。

（三）教学反思

现代信息技术与小学中年段美术课程融合，是能够达到“双赢”的一种教学模式。信息技术的应用给学生带来了更加自由、丰富的学习方式和学习环境，体现了学生本位思想的同时，也能够提高教师的教学能力。需要注意的是，信息技术不能取代老师的主导地位，更不能取代师生、生生间的互动与交流。美术教师应该把握好信息技术应用的“度”，对信息技术的使用应该是适合教材、适合学生学情的，要真正做到“为学而教”，而不是“为教而教”。

（执笔：卞正馨）

五、体现实现学科融合要求案例 5（与劳动融合案例）

融劳于美、和融创美

案例背景

在小学美术课上，教师如果空洞地强调造型美、色彩美、形式美、图案美，学生不免会感到空泛与抽象。小学生更能接受实际生活中可以接触与体会到的真实感。纵观人类历史发展的进程，艺术创作往往发生在劳动阶层，流传于世的经典之作大多是劳动人民智慧的结晶。如何让学生更真切地体会到这些珍贵艺术作品的创作过程呢？动手动脑的劳动体验就是学生最直接的学习途径。

考察当前美术学科与劳动学科的课程设置，我发现它们之间有着千丝万缕的联系，两个学科之间的界限并不十分清晰。在实施美术课程时融入劳动教育，符合《义务教育艺术课程标准（2022 年版）》中明确提出的加强课程综合的观点，重视学科融合和跨学科教学是大趋势。要提升学生的艺术核心素养，审美感知、艺术表现、创意实践、文化理解就要全面发展，笔者结合所在乡村小学劳动教育与美术教育的实际情况，实行了一些“融劳于美”的美术教学实验，构建“和融创美”体验式美术课程，引领学生勤于劳动、善于创美，让美术成为一种创造性劳动，让美源于生活，高于生活。

案例描述

在带领六年级学生学习《我种的植物》一课时，笔者以米勒的油画作品《播种者》作为导入，与学生展开讨论。

师：米勒原来是个地地道道的农民，他把自己播种的场景画出来了。

你栽种过植物吗？在哪里？种的什么植物？

生 1：我种过，我们班的种植园在学校的东南角，那里阳光充足，油菜花都开了。

生 2：我是在家里的菜园子里种的，我种的小番茄都结了好几个果子了。

师：植物成长的过程中出现了哪些问题？你又是如何解决的呢？

生 1：老师，我把植物的成长记录在学校发的植物观察日志里，植物大部分时间情况都很好。有的时候我会忘记浇水，这时植物就会变得皱皱巴巴的。（投影展示学生的种植日志）

生 2：水浇多了也不行，要用不会积水的花盆种植物，土壤要透气，还要施肥。

师：看来你们都是有经验的小园丁，各小组桌上都摆放着盆栽及种植工具，请你们帮我护理这几盆小植物。

师：请大家观察盆栽植物的形态特点，交流自己的种植经验，也可以借助平板电脑完成学习单上的内容，并试着护理这些植物。

师：请小组介绍自己护理的这盆植物，说说你们的收获。

生 1：我们小组护理的是月季，它属于蔷薇科，开花很漂亮，但它需要充足的阳光和水分。目前它的生长情况不错，就是土有点板结，我们需要给它松土、加点营养土、浇水、把枯叶剪掉……

生 2：我们小组护理的是青菜，我们捉住了一只吃菜叶的菜虫。

师：看到这些自己亲手护理栽种的植物，你是什么样的心情？你有过哪些关于植物的愿望和梦想？

生 1：我有种幸福感。我想拥有一座花园，当一个愉快的小花农，每天都能收获花和果子。

生 2：我觉得生命好神奇，从那么小的种子变成那么大一棵树或一朵花，还可以继续长出种子，再次生长……

生 3：我感觉农民和园丁都好辛苦，对待植物像对待自己的孩子一样，要用心呵护才能有收获。

师：是的，植物的生命有时很脆弱，有时又特别顽强。收获离不开劳动者的辛勤付出。

师：远古时代的壁画上就有春耕的场景。清代画家沈庆兰绘制了《农耕图》，和同学们写日记一样描绘了丰富多彩的种植场景。

师：你觉得画家们在画这些作品的时候是什么样的心情？你从哪里看出来的？

生：我觉得画家们很开心、很有成就感！这些画色彩都很明亮鲜艳，充满热情。

案例反思

劳动实践，体会美源自生活；畅赏佳作，体会美高于生活。“荣劳创美”的发展需要我们围绕课堂、校园、家庭与社会，融通美术教育与劳动教育的学科实践，形成体验式美育课堂，将劳动与美术创作融为一体。让学生在艺术欣赏与创作中体会劳动的价值，并在劳动中感受人与自然的和谐共生，从而产生热爱劳动、热爱生活的美好情操，通过劳动营造美育情境也可以促进学生艺术核心素养的全面提升。

（执笔：徐梦）

六、体现实现学科融合要求案例 6（与科学融合案例）

花开有艺　融合有情

《义务教育艺术课程标准（2022 年版）》提出了突出课程综合的课程理念，强调要以各艺术学科为主体，加强与其他学科的融合，重视艺术与其他学科的联系，充分发挥协同育人功能。美术学科的课程内容明确安排了“融入跨学科学习”的学习任务，要求教师能够组织学生以个人或小组合作的方式，将美术与自然、社会及科技融合，探究各种问题，提高综合探索与学习迁移的能力。由此可见，美术与其他学科间的互相渗透和融合是新课程改革的发展趋势，要打破美术与各学科之间的壁垒，突破学科的界限，整合学生的知识，把美术与相关学科有机结合起来，达到更好的教学效果。

本文以小学美术二年级下册《花儿朵朵（一）》为例，依照学科特点，围绕“花”这一主题展开教学，将美术、科学、语文、劳动等学科深度融合，通过多学科课程资源的介入与融通，建立与“花”的教学内容更有意义的联系，使学生在广阔的学习领域中进行美育学习，这不仅有利于激发学生的学习兴趣，提高美术课堂教学的效果，还有利于学生综合思维与综合研究能力的培养。

案例背景

《花儿朵朵（一）》属于“造型·表现”学习领域。本课以学生最熟悉、最常见的花为教学内容，重点之一就是对花朵的外形、色彩进行观察，了解花的结构特点，进一步感受花朵从花苞到盛开再到凋谢的过程中形态的变化，以及不同角度呈现的不同姿态，从而表现出造型独特、姿态不同的花朵。然而，二年级学生的观察能力与绘画表现能力还处于比较低的层次，他们对花朵的了解大多停留在花的品名、色彩和简单的结构上，所表现的花朵也只是类似简笔画这样最为简单的图式，缺少花朵的细节刻画和情致的表现。这一阶段的儿童想象力与创造力非常丰富、非常活跃，而简笔画限制了儿童对周围事物的观察、思考和想象，容易扼杀儿童潜在的创造意识和创造能力。为了增强美术课程的综合性和实践性，让儿童对花的认识更全面，更好地表现花，我们开展了以“花”为主题的一系列跨学科探究活动，和孩子们一起走进花花世界。

案例描述

《义务教育艺术课程标准（2022年版）》中指出，第一学段（一到二年级）的学习任务一是欣赏身边的美，其中一条要求是观赏周边自然环境中的山水、树木、花草、动物等，感知其形状美、色彩美、肌理美，体会美存在于我们周围的环境之中。执教本课时正值春天，春风送暖，万物复苏，和煦的暖风吹绿了小草，吹出了嫩芽，吹得校园里的花儿悄然绽放。我们的校园是园林式校园，一年四季花常在，校园处处是风景，走出教室便能感知校园里的一花一草。由此，我为本课设置了以下几个主题活动，让学生在轻松愉悦的氛围中逐步发现美、感受美、探索美、创造美和传递美。

首先，花开烂漫，寻花之旅。

春天的校园花开烂漫，花儿们都在哪儿呢？上课伊始，我带着学生走出教室，开启了一场校园寻花之旅。孩子们每人手中拿着一个放大镜和一张“寻花之旅”记录表，通过寻找、观察，找出自己最喜欢的3种花，记录下花儿在校园里的位置以及花儿的名字、形状、色彩、花瓣的数量。

校园里的花种类繁多，有杜鹃花、山茶花、樱花、玉兰花、垂丝海棠……每一种花都有自己的特点，看一看花的形状，有圆形、心形、蝶形等，形状各异；辨一辨花的色彩，有红的、黄的、紫的等，绚烂多彩；闻一闻花的香味，有香的、甜的、淡的等，香气怡人；摸一摸花的纹理，数一数花瓣的数量……观其形、闻其香、触其质，孩子们通过多感官的逐步体验，感知花的特征，了解花的习性，感受花的韵味，体会春天的美丽，这培养了学生热爱校园、热爱生活、热爱自然的情怀。

其次，余音绕园，唱花之歌。

我们来到杜鹃园，孩子们看到眼前满园的花，直呼太美了。“等闲识得东风面，万紫千红总是春。”正如宋代诗人朱熹在《春日》中描述的这般，暖暖春日，万紫千红，到处都是百花开放的景象。在一路寻花的过程中，孩子们被花的魅力所感染，抑制不住内心的喜悦，不由地唱起了儿歌《春天》，“春天天气真好，花儿都开了……”我借机让大家围坐在石阶上，让大家一起唱这首歌。唱完《春天》，我顺势播放了江苏民歌《茉莉花》，孩子们在活泼欢快的音乐中感受韵律，在轻松愉悦的氛围中陶冶情操，在悠扬的歌声里绽放笑颜。

音乐是听觉的艺术，美术是视觉的艺术。在艺术范畴内，素有“音乐是流动的绘画，绘画是凝固的音乐”这般比喻，可见绘画与音乐的关系之亲密。音乐可以提高学生的想象力和创作能力、调节人的思想情绪，并给人留下美的感受。在美术课堂中恰当地引入音乐教育，不但能活跃课堂教学气氛，还能激发学生对生活往事的回忆和联想。

再次，曼妙诗词，悟花之意。

一花一世界，一诗一情怀，我们一边品读古人对花的描绘，一边漫步在充满花香的校园中，体会那一诗一花的绝美意境，我试着让学生说一说和花有关的成语和诗句，如万紫千红、百花齐放、鸟语花香、花红柳绿、春暖花开、花团锦簇、繁花似锦等。

我们来到桃花处，驻足观赏，美丽娇艳的桃花是春天里的精灵，多姿多彩、活泼浪漫。我带领大家一起吟诵唐代白居易的《大林寺桃花》。我们来到垂丝海棠处，青碧芊芊，粉红娇艳，自古以来，无数诗人为海棠倾尽笔墨，我带着大家吟诵宋代苏轼的《海棠》：“东风袅袅泛崇光，香雾空蒙月转廊。只恐夜深花睡去，故烧高烛照红妆。”我们来到东篱田园，当一片金黄的油菜花映入眼帘时，孩子们不由自主地吟诵起宋代杨万里的《宿新市徐公店》中的“儿童急走追黄蝶，飞入菜花无处寻”一句。古人爱花、赞花、咏花，或直白表达对花的喜爱，或以花的特殊气质寓意自己的人生态度。我鼓励学生课后搜集更多描写花的诗句，了解花的文化背景、寓意，体会古诗词中诗人对花的情感。

童声朗朗，音韵悠长，孩子们在诗海里徜徉，尽情拥抱春天，探索花儿的奥秘，收获大自然的馈赠与无与伦比的快乐。

再次，花开有序，识花之趣。

结束了寻花之旅，我们回到教室，孩子们拿出“寻花之旅”记录表，交流分享自己的发现，对于一些常见的花儿，孩子们津津乐道，如粉色的樱花、白色的梨花、黄色的迎春花、红色的杜鹃花、清秀高雅的玉兰花……然而有些花孩子们只是见过，不知道它的名字。看花而不识花，是美中不足的憾事。知花、赏花、与花对话，是对春的致敬，也是对春的鸣谢。

为了让孩子们了解更多花卉知识，我在课前拍摄了校园里所有花的照片，并搜集了相关资料，设置了“花朵知多少”的游戏，让孩子们看一看、想一想、猜一猜。我设置了一些问题，如你知道下列哪些花是春天开的吗？樱花、桃花、梨花的区别是什么呢？百合花的花语是什么？“花中睡美人”是哪种花呀？南京市的市花是什么呢？这些问题让学生们开始思考。看图识花，不仅可以让学生认识春天校园里的花，也可以让学生了解其他季节的花以及校园外的花，增加学生对花的了解，打开学生的眼界和思维。

说到花语，我们可能会想到节日里的浪漫，会想到许多美好的词汇。花语承载着人们对诗意生活的向往。这种诗意的生活，孩子们也可以拥有。各种各样的花都有花语，你知道它的来源吗？它的来源之一就是花的外貌特点，即人们根据各种花儿开花的形态产生一定的联想，从而衍生出相应的花语。比如红掌的形状有点像心脏，又有着鲜红的颜色，所以人们赋予它“火热的心”这个花语。鹤望兰的形状像是飞鸟的头部，所以它的花语是“自由”。人们也会根据各种花的生长特点、生态习性给它们相应的花语，比如向日葵总是追寻着阳光，所以人们将“光辉”“忠诚”的花语赋予了它。

花语虽无声，但无声胜有声，我们通过追根溯源，了解到花语是人们为了满足自身传情达意、明志抒怀的需要，将花人格化、情感化、神圣化、意象化，其中的寓意和情感表达甚于言语，它们所表达的都是人们对美好生活的希冀。

再次，科学探究，辨花之体。

随着认识的花越来越多，孩子们对花的探索欲也愈发强烈。花为什么是五颜六色的？一朵花由哪些部分构成？所有的花都是这样的结构吗？带着这些问题，也为了后面的创作更加精彩，我们对花的结构进行了探索，做一回“花朵小侦探”，探一探花朵的奥秘。

我以各种花朵绽放瞬间的视频导入，给学生带来一场视觉盛宴，学生都被花朵的绽放过程所震撼。通过观看视频，学生了解了花朵的绽放过程，感受到了满满的生命力。

之后，我选择了杜鹃花、百合花、山茶花、木子李这四种花作为孩子们的解剖对象。孩子们四人一组，小心翼翼地将每一种花解剖出来，一片一片整齐地摆放在纸上，并且用放大镜进行细致观察。我引导学生用科学的眼光从不同角度观察花的外形、结构，了解花的种类。

孩子们获得了对花朵结构的真实体验，他们最终发现，虽然花的种类有很多，但是它们大多数有着相同的结构，都是由花梗、花托、花萼、花瓣、花蕊组成，花瓣围绕花蕊形成的美丽形状叫花冠，不同植物的花冠形态各异，颜色多样。花瓣下方与花梗连接的地方叫花萼，它是保护花瓣的。我们被花朵打动，不仅因为它们有各种各样的颜色，也因为有的花朵硕大，有的花朵精巧，有的看起来圆圆鼓鼓的，有的看起来瘦瘦长长的。不同的花朵形状，衬托以绿叶，点缀以花蕊，真是美丽极了。然而，从不同角度观察，花朵也会呈现不一样的形状。通过观察比较，学生发现原来花朵的构造是那么的神奇。

再次，花朵缤纷，绘花之影。

知道了花朵的结构，自己动手画一朵自己喜欢的花也不是什么难事了。因为在之前开展寻花之旅时，我发现校园里有的植物没有名字牌，所以有些师生根本不认识那是什么花。鉴于此，我将本课的作业制定为：为校园里的花制作一块名字牌，首先为花画一张自画像（大小占纸张的一半），之后在另一半纸上写上花朵名称、花朵特点、花语、花期、养护要求。

画自画像时，我把花的照片按照个人喜好分发给学生，他们用线描的形式来表现不同的花，其他的信息则通过查阅相关资料后再填写，这样，校园里的花就都有一张属于自己的“身份证”了。

最后，精巧手作，护花之乐。

花朵名字牌制作好后，我们在班级进行了展评，同学之间提出了修改意见，力争做到精致、完美。名字牌统一塑封后，打洞、穿绳，孩子们拿着名字牌来到对应的花朵处，给植物挂上，这样全校师生通过查看名字牌就能够认识和了解各种花了。孩子们看着花朵都拥有了自己亲手制作的专属“身份证”，别提多开心了。他们还拎着水桶给花朵浇浇水，把花儿周围的小草拔一拔，一个个都成了护花小天使了。孩子们在学习中亲近自然，感受自然，通过绘画写生提升观察能力，大自然就是我们最好的课堂，大道至美，妙笔生花，自然天成！

案例反思

本案例在教学中打破学科限制，整合不同学科的内容，努力培养孩子多面向、立体化、多元系统地思考问题，从单一的美术学科知识走向一种深度的、基于体验的“全身心学习”之路。体验科学，感悟自然奥秘；融合语文，凸显诗情画意；融入音乐，彰显节奏韵律。在多元化的今天，美术课的开放性在增强。美术与其他学科的融合是一种趋势，也是现代教育有效实施的一种途径。美术教学中融入多学科元素，应始终以美术教学本身为根基，广泛吸收其他学科教学的有益成分，让学生的思维流动起来，在多元文化及无限的空间中感悟美术的无穷魅力。教师应加强课程内容的综合性，淡化学科界限，让学生多感官参与，掌握更多学科知识，激发学生的创新思维，开阔学生的视野，努力让学科融合有滋有味，有情感与生命力，提升学生的整体素养。

（执笔：朱晓玲）

七、实践反思

在美术教学中，我们发现美术与许多学科有紧密的联系，重视小学美术与各个学科的融合有着重要的研究意义。《义务教育艺术课程标准（2022年版）》明确了课程融合的必要性。

教材内容是有限的，但课堂内容是无限的。依据以上几位优秀教师的学科融合实践研究，笔者对学科融合实践给出以下建议。

（一）始终以新课标为学科融合的依据

《义务教育艺术课程标准（2022年版）》的课程理念明确要突出课程综合：以各艺术学科为主体，加强与其他艺术的融合，充分发挥协同育人的功能；注重艺术与自然、生活、社会、科技的关联，汲取丰富的审美教育元素，传递人与自然和谐共生理念，促进学生身心健康、全面发展。

新课标在设计思路分段设计课程中，明确指出艺术课程之间的融合：第二阶段（三至七年级）体现了一个“融”字，以音乐和美术为主，有机融入姊妹艺术，为学生掌握较为全面的艺术基础知识和基本技能奠定基础。

在具体的美术学科内容中包括“欣赏·评述”“造型·表现”“设计·应用”和“综合·探索”四个艺术实践，其中“综合·探索”包含了美术的内部综合、美术与姊妹艺术、美术与其他学科融合、美术与社会融合四个综合探索的学习迁移。

（二）挖掘学科之间的内在联系

为了更好地掌握美术学科教学内容，让美术教学的知识更加丰满，教师需要挖掘美术课程与各学科之间的联系。

本章从美术与语文、信息技术、劳动教育、戏剧以及科学等多个方面，阐述了小学美术如何实现学科融合。

在学习《春天的色彩》一课时，教师将美术与语文学科进行了融合。用春、夏、秋、冬四个季节的诗句导入，用一段优美的散文描绘春之画卷、用各种词语表达春天的色彩、用作小诗的形式赞美自己绘画的春天。通过对画面的想象和创造进行文字的表达，通过对文字的想象将其具体体现在绘画作品中。用语文知识提升学生的审美能力和造型表现能力。低年级学生有很强的想象力，但是对于细节的刻画往往比较简单，学生的创造力并没有最大程度地发挥出来，这主要还是因为学生对美术知识的了解比较浅显。春天的色彩其实表现在很多具体的事物上，教师带领学生用语文的诗句、词语渲染春天，找寻春天的事物，将春天的事物赋予具体的色彩。

眼中有文字，心中有画面，笔下有形象。现有美术教材中的很多课程都体现了与语文的融合。如《表情丰富的脸》一课，学生通过表演成语来展现脸部五官的变化，最终将想象的画面用画笔表现出来；《诗配画》这一课融合了语文与美术，诗中有画、画中有诗，用美术的形式将二维的文字变成立体的三维画面。

美术与信息技术的融合在学科融合应用中最早也最普遍。电教媒体能够为信息的传输和处理提供强大的技术支持，在教学中发挥着重要的作用。信息技术为美术教学提供了丰富的资源，搜索引擎给教学带来了板书、范画、书本以外的知识点。教师在上《剪纸》这一课时，运用微课的形式对剪纸技法进行提前录制示范。相对于现场示范，微课示范更清晰详细、可反复学习。这既做到了教师为主导，又能将课堂操作时间留给学生，体现了学生的主体地位。在单一的现场示范基础上加上微课示范，优化了教学方法。

与时俱进，提升信息技术操作技能。信息技术作为学科融合的元老，其展现的方式也在不断更新。教师应提升信息技术的操作能力，以完善课件、微课的展示，合理使用信息技术能使美术课堂教学有更好的学习效果。

如果说语文和信息技术与美术的融合，是以感受美作为切入点对学生进行美术教育教学的“感受式美育”，那么将劳动教育和戏剧融合进美术教学实践，则强调的是“体验式美育”。

运用劳动技能，体验劳动情感，实现审美提升。教师用劳动形式带学生亲身体验植物培育的复杂，让学生带有感情地去描绘《我种的植物》，将劳动题材的作品巧妙融入欣赏和绘画技法引导中。美育不仅能陶冶情操、提高素养，而且有助于开发智力，对于促进学生全面发展具有不可替代的作用。教育与生产劳动相结合是培养全面发展人才的重要途径，各级各类学校要从实际出发，加强和改进对学生的生产劳动与实践教育。

走近传统艺术，体验创作乐趣。皮影戏在现代日益衰落，教师在课程设计上不仅限于画皮影人物，还将课程内容进行整合，采取单元式教学，将认识皮影、做皮影、表演皮影戏进行分段学习，小到皮影人偶的纹样研究，大到合作表演皮影戏，学生都亲身参与，丰富学生对皮影戏的理解。其实，现有教材每个学期都有一到两课传统文化的课例，教师可以从美术造型、审美、设计的角度出发，找寻传统文化与美术的联系，将传统文化的特色用绘画造型的形式表现出来，最终达到弘扬传统文化的目的。

小学阶段的孩子思维相对活跃，教师如果在课堂上一味地灌输知识，多半会引起他们的反感。在《虫虫虫（一）》案例中，教师将学生带入自然中，以观察记录表的形式引导学生自主探究校园中的昆虫，观察各种昆虫的特征。在条件允许的情况下，教师还可以举办昆虫知识竞赛，激发学生的学习兴趣，加深学生对不同昆虫的外形、颜色、习性的认识，为准确绘画昆虫的特征打下基础。本节课还将语文融入美术教学中，通过文字和插图的碰撞，激发学生创编绘本故事的热情。两种学科在美术中的融合，不仅打破了美术技能学习的单一模式，还让课堂设计展现出有层次、有梯度、有深度的融合。第六个案例围绕学生特别喜爱的“花”这一主题展开教学，将美术、科学、语文、劳动等学科深度融合，使学生在多学科融合的氛围中进行美育学习，这激发了学生的学习兴趣，促进了学生综合思维与研究能力的提升。

学科融合不但要求教师把握美术学科的教学内容，还要求教师运用与美术关联密切的学科知识，在教学中做到融会贯通。

（三）可采用单元式教学法设计融合课程

结合美术课程内容，引进单元式教学，开展学科融合。可以把能用同一种其他学科进行学科融合的多个课题整合成一个主题，进行单元式教学。如《花儿朵朵》《叶子片片》《树上树下》这几课都涉及科学与美术，教师可以用单元的形式整合探究花、叶、树的外形种类，最终让学生用绘画的形式去记录。我们可以将内容的延伸放入单元式教学。我们可以挖掘教材内涵，把教学的主题进行补充延伸，把一个课题衍化成为一个主题的学习。例如《皮影戏》这一课，最终学生用创编故事的形式表演自己制作的影偶。

主题单元式教学使学生在多元的情境中感受、探索、研究、感悟，学生的综合能力得到了全面提高。

（四）坚持以美术学科为主导，同时融入其他学科

教师要坚持美术学科的主导性原则。美术与其他学科融合，势必会带来美术与其他学科知识、方法的碰撞，教师在课堂中一定要牢牢把握美术的主导地位，其他学科的引入是为了帮助学生感知审美、掌握美术技法、提升创意、理解文化，其他学科在美术教学过程中始终处在次要引导位置，切忌把美术课上成综合课。

教师在进行美术学科与其他学科的内容整合时，也要把握好融合的适量原则。教师在探究融合设计时，有时会出现想尽量多的将美术与多种其他学科内容进行融合的想法，这很容易造成美术教学内容过于冗杂，加重学生的课业负担，增加学生无谓的压力，反而达不到预期的效果。

学科融合既是学科发展的趋势，也是进行创新性教学的重要途径。小学美术与其他学科的融合有无限的潜能，学科融合意味着更高效的课堂、更好的教学效果。希望本章可以为美术与其他学科融合实践研究添砖加瓦，从而为美术教学提供更多的生机与活力，促进学生的全面发展。

（执笔：程雨晴）

第六章 如何丰富生活体验

《义务教育艺术课程标准（2022年版）》中指出，注重艺术与自然、生活、社会、科技的关联，汲取丰富的审美教育元素，传递人与自然和谐共生理念，促进学生身心健康全面发展。《义务教育艺术课程标准（2022年版）》十分重视美术与生活的联系，以生活实践为依托，让学生感受到生活离不开美术，增强学生对美术学习的积极性。教师在课堂中要以任务教学为抓手，按年龄段设置合理的任务，以实际任务贯穿每堂课的教学，提升学生在生活中的实践能力。陶行知先生说过，生活即教育。用学习到的相关知识技能去改造生活环境，使美术创作与生活接轨，让学生能从课堂走向生活。本章以《新花布 新衣服》《叶子片片》《各式各样的椅子》《木版年画》《皮影戏》等案例阐述如何使美术与生活建立联系，从课堂引发更多的启发与创意，注重多种途径为学生搭建课堂与生活之间的桥梁，做到美术跨学科、跨领域的融合。一节课的终点不是课堂，而是能延伸至生活，引导学生联系自己的家庭、社区、家乡等，发现问题，综合运用艺术及其他学科的知识、技能和思维方式，在生活中实践，创造性地完成艺术作品，提升综合解决问题的能力，让艺术来源于生活也回归生活。

（执笔：高贤）

一、体现丰富生活体验要求案例1（《木版年画》教学案例）

合理运用情境教学，让美回归生活

案例背景

在美术课堂中，情境教学是美术教师常用的一种手段，通过情境创设使学生产生一定的情感反应，能够主动积极地参与课堂活动，从而更好地达成教学目标。学科情境创设是为了激发学生的学习兴趣，而在实际学情中，情境创设经常会被学科情境或生活情境束缚，导致教师为了实现教学目标生硬牵强的创设，未能与学生更好的共情，教师要根据学生的年龄合理创设情境。在美术教学中，美术教师需要不断学习新的教学理念，让美术创作从课堂衍生到生活中来，灵活地传承传统文化，丰富学生的校园、家庭、社会活动，使美术创作在生活中有新的生命力量。

案例描述

以《海洋生物》一课为例。师生问好后，老师跟同学们说："海洋馆的海马馆长邀请同学们去海洋馆参观。"接着老师播放视频，让学生欣赏各种海洋生物，并说出海洋生物的名字。学生跟着老师的节奏欣赏海洋生物之后，再用点线面等元素去画一画海洋生物。在布置作业环节，老师说："海洋馆的海马馆长发来一个招聘广告，海洋馆招聘员工，请同学们帮忙为海洋馆的海洋生物画一张像，画得好的同学就可以去海洋馆工作。"

以《我设计的图书封面》一课为例。本节课在观看图书装帧的历史之后，教师带领学生认识图书封面的几个要素，如书名、作者、插图、出版社等。封面插图又以人物、动物、植物、景物分类，老师给学生示范了图书封面的制作方法。接下来在学生的作业环节中，老师给每个同学发了一本厚厚的书，书的封面都被白纸糊起来覆盖住了，书的大小、尺寸、厚度相同。老师说："同学们，学校图书馆进了一批图书，学校请同学们为这些图书重新设计封面。"同学们听着老师的作业布置，没有什么大的反应，也没有问图书馆这些书究竟是什么内容，要设计什么样的封面，有什么样的要求，他们只是按照老师说的人物、动物、植物、景物去机械设计。作业结束后，老师做了点评。

在教学片段一中，老师创设了一个虚拟的情境，以海马馆长邀请学生游览海洋生物馆为导入线索，贯穿教学。近似童话故事的活动嵌在课堂教学中，学生却没有因为听到这个招聘广告而兴奋，学生画完以后老师点评，选出画得精彩的学生，给予口头表扬。最后老师却没有提及海马馆长是否聘这位同学为海洋馆员工，这个学生也没有追问，这节课就这么结束了。如果真有较真的同学问："老师，我什么时候可以去海洋馆报名？"老师说什么都是无力，这岂不是赤裸裸的童话谎言？

四年级的学生属于中年级阶段，有别于低幼阶段的学生。低幼阶段的学生可以用童话以及绘本故事进行这种趣味性的导入学习，但中高年级的学生已经渐渐认识何为虚拟童话，何为现实生活。这样的情境教学手段显然不合适中年级阶段。

片段二中的老师抱来一摞相同的书，书的封面糊上了白纸，以学校图书馆的名义邀请学生为图书馆的新书重新设计封面，这是真的吗？这些书是什么内容呢？书的封面设计不是根据书的内容定的吗？不了解书的内容就画封面插图，只是简单以人物、动物、植物、景物等内容自由组织，这符合封面设计的原则吗？同学们可能也知道自己设计的图书封面并不会真正被放入图书馆，所以他们也没有因为自己能为图书设计封面而感到荣幸和激动。

案例反思

以上两个教学片段是众多公开课中常见的场景，为了达到课堂预设效果，教师天马行空创设虚拟情境，用不切实际的事情来激励学生创作。由此，我有了以下反思。

首先，教师有必要研读艺术课程标准。

《义务教育艺术课程标准（2022 年版）》指出，教师在课堂中要以任务教学为抓手，提升综合解决问题的能力，引导学生联系自己的家庭、社区、家乡等发现问题，综合运用艺术及其他学科的知识、技能和思维方式，创造性地完成艺术作品或解决问题，提升创造能力和问题解决能力。研究课标的团队从未停止脚步，而我们的老师只顾低头耕耘教学，却忘了抬头望天，还是活在过去老的那种教学方法之中，仍然上演着“新壶装老酒”的课堂状态。老师想改变这种状态，就必须吃透新课标，而且要多参加教研活动，学习同行的优点，提升自己的教学水平。

其次，教师要创设适合学生年龄特征的情境。

美术教师在上美术课的时候，常会创设虚拟的情境或童话故事为课堂服务，创设情境要根据学生的年龄而定。一二年级的学生更喜欢用绘本故事导入教学，有趣的童话故事能使课堂氛围更活泼，提高学生的积极性。而在中高年级的课堂中，创设情境就要慎用。有些教师为了达到教学目标，布置一些超越学生现阶段能力的不切实际的任务，如上《你会设计邮票吗》一课时，有的老师说：“北京奥委会发来信函，邀请同学们为冬奥会设计邮票。”创设这种情境时，教师可以加上“假如”“如果”这样的词，转换这种尴尬的任务布置。“如果请你为图书重新设计封面，你会怎么做？”这是一种假设，而并非事实，这样遣词也会显得更加严谨。

最后，让传统文化得到传承与创新。

不少传统美术，在现实生活中因为材料缺乏、形式落伍而无用武之地，所以很多教师不敢轻易尝试传统美术课，拘泥于课堂欣赏。比如《木版年画》一课，教师只介绍年画的历史、内容的寓意以及民间木版年画手工艺人制作的过程，如何让学生体验民间年画的魅力？光看是不够的，老师可以让学生用操作性强的橡皮章代替木版，体验制作年画。在学习完套色年画之后，教师可以和学生讨论，如何让身边的人了解、喜欢民间传统艺术。学生想到把年画作品制成明信片送给亲朋好友，也可以把年画装裱成小相框，作为馈赠长辈的礼品。用灵活的手段、创新的方式宣传传统文化，让传统艺术在生活中重新得到传承与发扬。

总而言之，创设情境终究要根据年龄创设，多与生活实际相结合，赋予美术课堂实际任务与目标，鼓励学生改造生活、建设生活，激发学生的创新思维。美从生活中来，仍然要回到生活中去。教师要与时俱进，不断学习新理念、新思想。教师在低头耕耘的同时，也要抬头望天，多学习思考，多交流取经，让美真正从课堂走向生活。

（执笔：高贤）

二、体现丰富生活体验要求案例 2（“艺术源于生活”教学案例）

汲取生活之美　开启想象之门

案例背景

《义务教育艺术课程标准（2022 年版）》指出，注重艺术与自然、生活、社会、科技的关联，汲取丰富的审美教育元素，传递人与自然和谐共生理念，促进学生身心健康全面发展。新课标十分重视美术与生活的联系，以生活实践为依托，旨在让学生感受到生活离不开美术，增强学生美术学习的积极性。

想象力是学生必备的一种能力，相比于其他学科，美术学科尤其注重对儿童想象力、创造力的培养。正如我国著名教育家陶行知先生所言，处处是想象创造之地，天天是想象创造之时，人人是想象创造之人，而儿童是新时代的创造者，要注重解放儿童的想象创造力。

陶行知先生提出的生活教育思想和六大解放思想不仅契合当今素质教育的要求，也契合学生想象力的培养要求。新时期的小学美术教师要结合陶行知的教学理念，遵循现代教学的基本规律，激发学生的想象力和创造力，促进学生的全面发展。在此背景下，本文结合小学美术教学实例，详细探讨了如何在美术课堂教学中融入学生的生活体验，有效培养小学生的想象力。

案例描述

片段一

在倡导素质教育的今天，教师应该更新教育理念，转变教学模式，采用多种教学方法，结合多媒体技术，刺激学生的感官，给学生营造轻松愉悦的学习氛围，这样更容易激发学生的学习兴趣，培养学生自主探究的能力，激发学生的想象力。我们需要给学生创造一个有助于想象力发展的环境，鼓励学生在其中自行探索，大胆发现，大胆创造。

在《叶子片片》这一课的教学过程中，教师借助多媒体播放叶子生长过程的视频，提问："看了这段视频，你发现了什么？"学生通过观察发现，在四季更迭中，叶子的颜色发生了变化，教师在激发学生兴趣的同时自然地导入了新课。接下来教师拿出课前准备好的叶子，让学生通过摸一摸、闻一闻、看一看等方式，说一说自己的感受。这个过程不仅培养了学生的观察力，让学生获得了直接体验，还挖掘了孩子的感知力和想象力，帮助学生建立了生活与书本知识之间的联系，最终实现知识的内化。

片段二

陶行知先生曾说，没有生活做中心的教育是死的教育，没有生活做中心的学校是死的学校，没有生活做中心的书本是死的书本。美术教学活动应该注重以生活为源泉，让学生在日常生活中感受美。生活中的素材有很多，大到博物馆里大师的佳作，小到身边的一花一草，都可以是美的。学生积累的生活素材越多，脑海中的感性知识就越多，想象力也就越丰富。

在上《春天的色彩》一课时，为了真正实现艺术与生活的结合，教师将学生带出了教室，到校园中寻找春天的足迹。校园是学生熟悉的场所，校园中的一草一木也都有美术的身影。孩子们来到校园中，感受春天的美好时光，产生了极大的写生热情。教师引导学生观察校园中花草树木的生长姿态，并引导其从这些事物的生长现象和色彩变化方面加以描述，由此，学生获得了创作的第一手资料。有了充分的亲身体验后，再回到教室中，结合多媒体教学手段，让学生欣赏春天的脚步。

学生从一开始的无从下笔，到后来迫不及待地进行创作，用画笔记录下他们眼中、脑中的春天的色彩。在这个过程中，学生真正感受到，只要我们做一个生活中的有心人，就能发现生活中处处充满了美。因此，将美术与生活相结合，一方面培养了学生热爱生活、积极向上的情感；另一方面，使学生的观察能力和想象能力得到了提升。

片段三

学生阶段是人的思维和认识活动最活跃的时期，学生对一切事物都充满了好奇。在教育和教学活动中，教师要做一个有心人，学会因势利导，鼓励学生充分发挥创造力和想象力，引导学生积极培养发散性思维。正如陶行知先生说的，教的法子必须根据学的法子。因此，想象不是老师让学生不切实际、毫无根据的想象，而是在美术教育教学活动中学生得到教师的引导和启发，并提升想象力和创造力。

在上《怪兽奇想》这一课时，教师在引导学生学习创作怪兽的方法的过程中，设置了许多类似的提问。例如说起怪兽，最典型的是《山海经》中的一个怪兽，它也是十二生肖中唯一的一个怪兽。大家猜猜它是谁？通过提问的方式，引出十二生肖中唯一的一只怪兽——龙，让学生通过观察，找出龙身上其他动物的影子，总结怪兽形象创作中“拆分—组合”的方法。教师又依次展示了九尾狐、三足龟、辟邪的形象，让学生进行观察，总结出“添加—减少”“夸张”“变形”的方法。教师顺势追问学生：“除了尾巴和脚，怪兽身体还有哪些部位可以添加、减少呢？”“眼睛”“手指和脚趾”“还有翅膀”，学生的答案很多元。在美术课堂中，启发性的语言可以促进学生思考。有效的提问，不仅能帮助学生找到新的创作方法和途径，还能激发学生的想象力，打开学生的思维之门。

案例反思

艺术来源于生活，和生活息息相关。美术教学不应该是教师教学生应该画什么、怎样画，而是要让学生真正感受到生活与美的结合，在引导学生发现美、创造美的过程中提高学生的观察力和想象力。将学生的生活体验融入美术课堂中，不仅会让学生更愿意表达、展现自己，帮助学生体验到生活之美，还推动了对小学生想象力的培养。小学生正处于身心快速发展的关键时期，教师要抓住这一关键期，不断总结、探索、创新，为美术教学不断努力。

（执笔：王亚楠）

三、体现丰富生活体验要求案例3（《新花布　新衣服》教学案例）

巧用艺术元素美化生活

案例背景

优秀的作业设计会让学生在过程中感受到快乐，在展示中收获自信。

课堂上被学生爱如珍宝的作品，课后却不知道放在哪里合适，有些学生甚至把作品当成“垃圾”丢弃，课后，美术作品的“用武之处”到底在哪里呢？“艺术源于生活，高于生活”的理念指引老师在美术作业设计中巧妙联系生活，加强艺术体验。

本节课以白布作为材料。学生很熟悉布，但如何利用好布，是需要老师和学生共同探索的。《新花布　新衣服》这节课非常贴近学生的日常生活，花布、衣服在生活中随处可见。笔者在上课之前，自己先走进了花布市场，了解花布的制作过程并拍摄了大量的衣服图片，为本课的教学做了充分的准备。

案例描述

“设计·应用”类课程在小学阶段的美术课程体系中有承上启下的重要作用，这类课程会影响孩子对生活的态度、感知与体验。《新花布　新衣服》是小学一年级的课程，在设计这节课时，笔者考虑到学生的年龄特点，在作业设计方面进行了分类、分层、分步、分组，以提升学生对花布、衣服的兴趣，激发学生的创作欲。

玩出人花布

课前，老师准备好本节课需要的材料，如颜料、画笔、大块白布、彩笔、马克笔等，提前给学生准备好学习单，让学生预习本节课的内容。

课上，教师先播放一段时装表演的短视频吸引学生的注意力，紧接着让学生的眼光回到老师的衣服上，老师穿着一件色彩和图案都很丰富的衣服。这时，学生不由自主地观察起自己以及其他同学身上的服饰，大家衣服上的花纹各具特色，这就是我们本节课要一起学习的内容。

随着老师的引导，学生开始思考如何用白布画花布，这需要学生去商场里逛逛，看看新衣服上的花布到底是怎样设计出来的。之后，学生拿出老师发的导学单，里面有“走进商场看看衣服上的花纹”这项内容，要求用拍照打印的方式将衣服带到课堂中来。许多学生积极展示家中衣服的图案，有的学生甚至将家里的新衣服也带来了。学生在观察与对比中发现了花布图案设计的原理，有的是一个单独的图案组成了花布，有的图案是不断重复，有的甚至只有简单的几根线条，于是他们共同在白布上尝试运用不同的材料和绘画工具合作完成一块大花布。

美出小花布

其实，艺术家们也特别喜爱画花布，例如当代艺术家草间弥生，她就爱用圆点装饰生活。这一环节教师可以从孩子们的兴趣入手。一年级的孩子喜欢阅读绘本，于是笔者从平时孩子们阅读的绘本中找到一些画花布的元素，如绘本《我妈妈》，以孩子的口吻描述妈妈，其中写到“我妈妈”还是个“画家”，主要表达妈妈很漂亮，很会打扮自己。教师可以带领学生欣赏绘本中“妈妈”的衣服。学生在绘本中发现了线条、形状、色彩和肌理之妙，之后，学生再次创作自己的小花布。

花布搭出新衣服

学生设计了一块块精美的花布并展示出来，如何将花布穿在身上呢？这是本节课的又一个难点。花布变衣服环节中，笔者依旧让学生观察衣服。其实衣服的结构很简单，最主要的是能把袖子制作出来。接下来，笔者将学生分为四人一小组，让学生以小组合作的形式共同制作一件新衣服。首先选取你认为最有趣的一块花布，将其放在衣服最显眼的地方，然后学生使用订书机，将花布两边对折一下，用订书机订好。学生很快将花布制作成了一件新衣服。有些学生甚至能将制作好的衣服穿在身上，他们在团结协作、互帮互助中感受到了成功的喜悦。

新衣服上爱融融

在美术课堂教学中，也有一些表现技法无法操作。其实孩子们都知道花布是由一根根线编织而成的，一件漂亮的衣服需要经历很多步骤才能完成。为了能让学生更完整地体验衣服的制作过程，笔者在拓展环节中加入了一项小练习，要求学生和家人一起体验剪裁、穿针、缝钉等工序，全家共同制作一件新衣服。这项作业设计难度较大，大部分学生的作业是家长代替完成的。笔者并不在意学生完成的作品是否完整，是否精美。笔者更注重的是学生与家长之间的配合，以及制作中的交流，让孩子体验动手的乐趣，使孩子主动与家人分享设计制作的“小心思”，在交流中增进亲子关系。

爱浓浓

一件小小的衣服却包含浓浓的爱。在作业展示环节中，孩子们呈现的每一件衣服都让我眼前一亮。笔者发现学生们非常愿意主动分享自己制作衣服的过程，同时也很愿意主动表达衣服的设计思路，学生们的“小心思”让我叹为观止。同时，很多学生还主动提出改进建议，还有些学生已经成为一名“小小服装设计师”，不仅讲出了设计思路，还将衣服的设计理念也表达得很清晰。有些学生还结合了环保、低碳甚至是科技理念谈自己对新衣服的理解。

从《新花布　新衣服》这节课中，笔者认为学生学到的不仅是美术技法，他们还从生活中发现艺术、体验艺术、理解艺术。

案例反思

《义务教育艺术课程标准（2022年版）》中提到，学生要感知、发现、体验和欣赏艺术美、自然美、生活美、社会美，提升审美感知能力。学生在创作中增强民族自豪感，树立民族自信心，教师要促进学生知、情、意、行全面发展。艺术课程要充分发挥培根铸魂、启智增慧的作用。笔者在授课中让学生认识到美就在我们身边，本节课的重点是“花布”，我带领学生感知花布的色彩美、图案美、肌理美，从而让学生学会创作美。本课在教学中还创设了丰富多彩的教学情境，结合多种教学方法，培养学生的审美感知力，引导学生进一步理解“设计改善我们的生活”，从而将来源于生活的艺术灵活运用，真正做到“高于生活”。

（执笔：周羽）

四、体现丰富生活体验要求案例4（虎头帽教学案例）

虎年画虎，探寻“虎俗”文化

案例背景

探索“双减”美育路径，发挥传统文化育人功能，弘扬传统文化是新课程改革对小学美术教学工作提出的新要求，同时也是当代学生背负的历史使命。虎年春节，2022年冬奥会如期而至，比赛引导员们头上戴的虎头帽吸引了无数观众的目光。一时间，各地的小朋友都带上了象征福气、健康的虎头帽。虎头帽不仅有吉祥喜庆的寓意，还展现了中国的虎图腾文化，是宝贵的非物质文化遗产。在美术教学中，教师应深挖文化价值，将传统文化融入教学中。

在《头饰和帽子》这节课中，我结合热点、整合教材，以文化传承为核心，对本课的教学内容进行了调整优化。本课以虎文化为切入点，我计划带领学生了解虎的历史、形态、艺术特色及文化价值，力求凸显美术学科的视觉性和人文性。从各类艺术作品中，探寻虎形象的变迁与虎形象的历史意义；从不同地区的虎头帽的设计中，总结帽子的结构与虎纹样设计规律；从民间虎头帽的制作中，碰撞出对传统虎头帽技艺的传承与创新。厘清纷繁复杂的内容，最终化繁为简，解决孩子创作中遇到的困难，拉近学生与传统文化的距离。

案例描述

片段一：认识虎文化

欣赏冬奥会的引导员头戴虎头帽的视频，学生交流为什么要用虎元素来装饰帽子。

生 1：今年是虎年，在这个特殊的日子头戴虎头帽，不仅好看还特别有纪念意义。

生 2：我知道很多关于虎的成语，如虎虎生威、如虎添翼、龙腾虎跃等，这些成语都有美好的寓意，所以虎形象的帽子很受欢迎。

师：大家说得都很不错，虎被称为“百兽之王”，虎也是吉祥的动物，民间自古以来就视虎为神兽。虎头帽寄托了长辈们对孩子浓浓的爱，虎是人们对美好生活的精神寄托。

相比直抒胸臆的导入方式，本节课的导入用视频欣赏、设置疑问等方式，给学生营造了轻松愉快的探究学习氛围，激起孩子们的学习兴趣。六年级的学生有一定的知识储备，对艺术有自己的认识，教师在此环节中鼓励学生说出不同的观点，可以激发学生对本课学习的信心。

片段二：揭秘虎纹样

小组讨论，对比现实生活中里的老虎和虎头帽上的老虎形象，找出虎首形象的创作方法。

师：虎头帽的老虎形象和动物园里的老虎一样吗？虎头帽的老虎给你们什么感觉？

生1：虎头帽中的老虎形象和现实生活中的老虎有很大的区别，相比之下，动物园里的老虎给人凶猛不可靠近的感觉，虎头帽中的老虎就显得可爱多了。

生2：我还想补充，虎头帽中的老虎形象是艺术家创作出来的，有美好的寓意，所以加入了许多吉祥的纹样。

师：大家想不想知道艺术家是如何把一只凶猛的老虎变成一只呆萌的老虎形象的？小组讨论后告诉我其中的奥秘。

师生共同总结方法——夸张变形。这是学生容易发现的外形上的变化，除此之外学生容易忽略色彩上的变化，所以在总结时，教师应让学生从多个角度分析虎首纹样的创作方法。

虎纹样创作艺术是历史的积淀，学习传统文化艺术，不仅要从艺术手法上分析，还要从历史文化的变迁上去观察。本课通过小组探究的方式，让组员各抒己见。

片段三：创造虎表情

教师出示四幅不同表情的老虎图片。

师：你是如何看出老虎的表情发生变化的？这些表情主要集中在哪里？

生：老虎通过五官的变化产生了不同的表情。

师：人的表情我们学习过，我们可以试着探究老虎的各种表情。

学生练笔：运用夸张变形的手法，大胆地设计虎头帽，看看谁的老虎表情最生动！

中华优秀传统文化是民族的精神命脉。我们在汲取文化智慧的同时，也要努力对文化进行大胆创新。虎头帽的纹样设计繁杂，学生很难在此有所突破，结合五年级教材《表情丰富的脸》一课，我将重点放在了虎表情的创作上，这大大降低了学生的创作难度，也使本课作业有了一定的梯度。

案例反思

传统文化是我们进行美术学习与探究的宝藏，优秀传统文化走进美术课堂、融入美术学习，拓宽了课堂的宽度。学生通过这样的美术学习，汲取不同时代的美术作品中所蕴藏的丰富人文精神，学会关注他人、关注人类社会、关注自然环境，传承深厚的文化底蕴。文化浸润，丰盈课堂；匠心传承，智慧创新。继承与发扬优秀传统文化是每位美术教师的职责。我们要充分利用美术课堂这一阵地，让学生更了解、热爱自己祖国的优秀传统文化，能主动传承祖国优秀传统文化，让美术教学真正从单纯的技能技巧层面提升到美术文化学习的层面，让美术课堂更有文化底蕴、充满人文魅力。

（执笔：董梦妍）

五、体现丰富生活体验要求案例5（《各式各样的椅子》教学案例）

对话多姿生活，徜徉多彩课堂

案例背景

将多姿多彩的生活体验融入小学美术教学，有利于培养学生观察周围事物的能力与概括能力，从而提升学生的想象力和创造力，培养学生留心观察生活的习惯、热爱生活的情感。当前小学美术教学存在依照教材照本宣科的现象，在这种美术教学方式下，学生降低了美术创作的兴趣和欲望，脱离了生活实际，作品缺乏活力，这不利于学生养成观察生活的习惯。因此，小学美术课堂联结生活势在必行。

执教《各式各样的椅子》一课时，笔者特别注重多途径为学生搭建与生活对话的桥梁，帮助学生在自主探究中深入生活实践、唤起生活体验、挖掘生活素材。

案例描述

片段一：创设生活情境

师：同学们，你们坐的是什么啊？

生：椅子。

师：请你们环顾教室看看大家的椅子，你发现了什么？

生：都一模一样，毫无特色。

师：跟随老师的镜头，我们一起来看看学校各专用室的椅子，请谈谈你们的看法。

生：椅子的造型稍微有点变化，但都是基础款式，没有体现出专用教室的学科特点，没有创意。

师：同学们真是善于观察和发现，一下子就说出了椅子设计的关键点：创意、学科特色。近期，校长室公布了专用教室改造计划，目前在征集椅子设计稿。现邀请你们为学校的专用室设计一批造型别致、融合学科特色的椅子，票数最高的椅子有可能投入使用哦！

设计意图：这一片段中，教师带领学生观察学校各教室的椅子，学生发现椅子造型千篇一律，之后分析椅子设计的关键，再通过创设专用室改造情境，将学生带入专用室椅子设计的活动中，激发学生设计椅子的热情。

片段二：探究椅子文化

师：椅子是我们生活中的常见家具。你们知道吗？古代人们常常席地而坐，用茅草、树叶、兽皮制成席子坐在地上。椅子的形象可以上溯到汉魏时传入北方的胡床，它是椅子的雏形。我们观察图片可以发现，胡床并没有椅背，更像现在便于携带的马扎。在席地而坐的风俗背景下，高足坐具的出现是一种很大的改革。

师：到了宋代，“垂足而坐”的生活习惯逐渐形成，高坐具开始流行，出现了交椅。请同学们仔细观察胡床和交椅，哪里发生了变化？

生：交椅多了椅背。

师：我们的祖先为了满足生活需求，为了坐着更加舒服，添加了椅背，这才出现了椅子。在当时椅子是身份地位和权力的象征。

（教师出示一组明代的椅子，师生欣赏并分析椅子的变化。）

师：随着时间的推移，人们的生活习惯发生了变化，椅子也在不断变化，你能找到最显著的变化吗？

生：椅腿由交叉变成了直立，跟我们现在使用的椅子很像。

师：是的，明代的椅子非常精美，官帽椅、梳背椅是当时的典型代表，你觉得椅子的哪个部分像官帽？哪里像梳子？

生：椅背的部分。

师：聪明的古代工匠从常用的物品中找到了设计思路，将其融合到了椅子的设计中，我们可以学学古人的设计方法来完成今天的椅子设计。

设计意图：通过带领学生了解椅子的历史演变，让学生了解到椅子的变化跟人们生活习惯的变化是分不开的，从“席地而坐”到“垂足而坐”，椅子的结构、样式发生了显著的变化。同时，也让学生意识到设计是服务于生活的，要以人为本，任何设计脱离了人的生活需求都是空中楼阁。

片段三：挖掘生活素材

教师出示一组现代的椅子，师生共同欣赏。

师：欣赏了古代的椅子，我们再来看看现代的椅子（教师出示 3 张造型独特的现代椅子）。这几张椅子像什么？应该放在什么地方？

生 1：第一把椅子像剥开的香蕉皮，展开的香蕉皮正好形成了靠背、坐面和扶手，太巧妙了，放在水果店和果园最合适了。

生 2：第二把椅子像展翅高飞的蝴蝶，一边翅膀是坐面，另一边的翅膀是靠背，适合放在公园里。

生 3：第三把椅子是用玫瑰花设计出来的，花朵当坐面和椅背，枝叶当扶手和椅腿，放在花园肯定能和环境完美融合。

师：每一张椅子都给我们带来了不同的联想，你觉得设计师是从哪里找到设计灵感的？

生：灵感来自生活的方方面面，如动物、植物、人物、生活用品、交通工具等。

师生总结：设计来源于生活又服务于生活，我们要做生活中的有心人，平时多多留心观察生活中的事物，挖掘生活中的素材，将其运用于我们的艺术创作中。

引导提问：老师想给我们的美术教室设计一把独特的椅子，请同学们帮老师找找灵感，搜索跟美术相关的生活素材。

生：颜料、调色板、画笔、水桶、画架……

老师试着用同学们联想到的生活素材来设计椅子，先画一个圆形的柔软的坐面，因为绘画需要长时间坐着，舒适性很重要。可以用画笔代替椅腿，调色盘当椅背。想要让椅子更加逼真有趣，可以在调色盘上加一点颜料，这样设计的美术教室椅子够特别吗？（教师在黑板上边讲解边示范）

师生总结：用生活中的素材来代替椅子的一个或多个组成部分，这样的设计方法我们称之为替换法。

引导提问：老师这里有个从学校餐厅拿来的煮鸡蛋，不用替换的方法你能设计一把椅子吗？谁来试一试？

生：将鸡蛋上半部分剥去蛋壳，露出鸡蛋白，将鸡蛋竖切至一半的高度，横切一半的深度，移去切掉的部分，就正好形成了坐面和靠背，具备了椅子的基本特征。

师：你的办法真巧妙，通过切的方式改变鸡蛋的形状，同时也保留了鸡蛋的基本特征。这样的椅子设计方法我们称之为变形法。

师：现在请同学们以小组为单位，运用我们学习的替换法、变形法，分别为美术教室、音乐教室、科学教室、风雨体育馆、劳技室、信息技术室设计一把具有学科特色的椅子，给大家五分钟的时间进行小组讨论，挖掘设计灵感，之后分小组汇报设计思路。

音乐组：我们小组决定用乐器来设计椅子。将吉他的面板弯曲，就形成了坐面和椅背，选用的设计方法是变形法。

科学组：我们组也使用变形法，用显微镜的载物台当坐面，镜柱和镜座当椅腿，将弯曲的镜臂向后舒展，形成椅背。

体育组：我们组运用了替换法，用羽毛球替换椅腿，用球拍替换椅背。

师：通过联系生活，挖掘设计素材，同学们的设计思路一下子都被打开了，相信同学们的设计一定能让专用室的椅子创意满满。

设计意图：此片段通过情境提问的方式引导学生设计各式各样的椅子，激发学生用设计美化生活的热情，帮助学生突破思维局限，打开思维的阀门，深度挖掘生活中的素材，发展学生的想象力和创造力。

案例反思

《各式各样的椅子》一课属于"设计·应用"教学领域，此领域的内容与生活息息相关，教学要围绕一定的目标和用途来进行，设计的灵感来源于生活，制作的材料取自生活，最终学生的设计作品也将运用到生活中去，用以装饰生活、美化生活。在教学过程中，教师要善于从生活实际出发，创设有利于激发学生美术探究热情的生活情境，营造浓郁的生活氛围，引导学生回顾相关的生活体验与实践，挖掘生活中的适用素材，将素材与设计技法建立联结，激发学生的想象力和创造力。美术教学就是要让学生学会用艺术语言来表现生活，表达自己对生活的独特见解。只有将艺术与生活联结，学生才能挖掘到自己想要表现的素材、产生情感共鸣、突破思维局限，最终激发生动的创意表达。这就要求教师在教学过程中着重培养学生观察生活的能力，让学生养成留心观察事物的好习惯。观察不能停留在形式上，而要从细微处着眼，抓住事物的特点，精于思考，用心去体验。学生要学会将观察到的事物以文字或者绘画的形式记录下来，经过长期的积累形成生活素材库。在艺术创作时提炼适用的素材进行艺术转化，再经过切身体验与感悟，就能创作出具有生命力的艺术作品。

（执笔：肖雪娇）

六、体现丰富生活体验要求案例6（皮影教学案例）

“学、绘、做、唱”体验民间皮影

案例背景

本案例结合《皮影戏》一课和学生的生活实践进行。学生在假期中发现了皮影戏的趣味，回校后，我们决定从学、绘、做、唱四个环节来学习皮影戏，了解中国的传统民间艺术。这一课在美术学习中属于造型类，学生之前学习过剪纸，已经掌握了剪纸方法，能把平面的影人变成会活动的影人。通过观看皮影戏表演节选、皮影戏影人的图册、皮影影人的制作过程图片等，教师带领学生积极参与民间文化的传承，在绘画、演唱上体会皮影戏带给我们的美感。

案例描述

初识——皮影趣

生1：我在假期中发现了一种有趣的戏剧，它是用灯光照着幕布，有人在幕布后面操作表演，还有京剧一样的唱戏声。我感觉太神奇了，你们知道这是什么吗？

生2：你说的这个我没有见过，但是感觉很好玩。我们去找美术老师问问他吧。

生1：好呀。

生 1：老师，我在假期中看到了一种很有趣的戏剧（学生描述）。

师：哦，看来你的假期很丰富呀！你说的这个叫皮影戏，它是古人生活中的一种娱乐方式。

生 2：老师，您能教教我们怎样制作皮影吗？我们想学一学。

师：看来你们的兴趣很浓厚啊，明天的美术课我们就一起学习皮影戏。

（第二天）

师：同学们，昨天有几位同学来找我，和我分享了假期的发现——皮影戏。今天，我们一起来了解皮影戏。老师带来了一段视频，我们一起来了解一下皮影戏的由来吧。

生 1：原来皮影戏在汉朝就有了，老师，我们国家的皮影戏在每个地方都是一样的吗？

师：皮影戏经过长时间的发展，在不同的地域形成了具有地域特点的流派。

师：老师还有一些皮影戏片段，我们一起来欣赏一下。看完告诉老师，你在片段中发现了什么。

生 3：老师，这段表演十分精彩，里面的孙悟空的形象很威武。

生 1：老师，我有一个问题，您刚才告诉我们皮影戏经过长时间的发展，在不同地方形成了不同的流派，那不同的皮影形象有什么相同和不同呢？

师：这个问题非常好。刚才我们看的几段视频就是不同流派的表演。谁能找到它们的相同和不同之处？

生 2：老师，我发现这些皮影都是一样的，没有什么区别。

生 3：我感觉他们除了人物形象不一样之外，其他的没有什么区别。

师：今天，我们先以欣赏不同地区的皮影片段来了解皮影戏，下节课我们再仔细研究皮影形象。

生 1：老师，这几段皮影唱腔真有趣。

课堂中出现了问题。教师想引导学生观察皮影的异同点，了解不同地域的皮影特点，但是没有达到预期的效果。课后教师也发现自身对于皮影的了解不够深刻，在课堂中没有准备好典型的例子让学生观察。

探究——皮影谜

师：上节课我们有一个问题遗留了下来，大家对于皮影的不同和相同之处产生了疑惑。今天老师准备了一些典型的形象，我们一起来看一看，大家讨论一下自己的发现。（教师出示不同朝代、不同地区、不同风格的皮影作品）

生 1：老师，我发现这几个皮影的面部有不同，虽然都是女性形象，但是它们的鼻子、眉毛有不一样的地方。一个是额头比较高、鼻梁很直、眉眼比较细，另一个像通天鼻，环眉凤眼。

生 2：我发现这几个形象只有头部不同，下面的身体是一样的。

生 3：老师，我感觉这些形象的创作应该有一个固定的模式，可能在不同地域会有一些改变。

生 4：老师，我发现这些形象的颜色有不一样的地方，我感觉不同的颜色可以看出人物形象的贫富、老幼。

师：同学们观察得很仔细，老师给你们竖个大拇指。你们已经把皮影的大部分异同点找了出来。接下来我们一起研究皮影的特点。

首先，皮影戏是通过光和影子进行表演的戏剧。要想利用光和影子表现人物形象，就要用线条镂空法制作影人形象。

其次，皮影的头茬种类很多，头部的造型通常以五分脸的形象出现，就是正侧面造型。头茬包含脸谱和头饰。

再次，民间皮影艺人在刻画人物时有他们独特的方法：平眉细目代表须生的沉着、弯眉线眼代表旦角的秀丽、皱眉凤眼代表武生的英俊、实脸皱眉代表净角的强悍、圆眼吊眉冲天鼻代表丑角的滑稽。

再次，皮影的身段由上身、下身、两腿、两上臂、两下臂、双手十件连缀而成。上身与双臂偏长，颈部以下就有六分身躯的前侧扭转，下及腰部又有七八分的侧转，双膝以下则呈一前一后。

再次，服饰的样式则是吸取了印花布和戏剧服装图案的特点，还加入了剪纸的元素。

最后，皮影的色彩通常以红、黄、青、绿、黑为主。运用平涂的方法并且要双面着色。头茬的色彩像戏曲脸谱一样有其象征意义：红脸象征精忠、黑脸象征公正、绿脸象征骁勇、黄脸象征狡猾、白脸象征奸诈……衣着服饰的用色则贫富有别，老幼各异。

师：我们了解完了，谁来说一说自己的感受呢？

生 1：皮影真是博大精深，民间艺人通过自己的摸索，将皮影发展到拥有这么多丰富的形象。

师：你们想不想画一个皮影形象呢？拿起你的画笔，选择一个你喜欢的形象进行临摹吧。影人的创作看似复杂，实际上我们可以将它拆分开来绘画。先构图，确定影人的大小位置，再画出头茬的外轮廓，然后画身段的外形，接着画脸部的特征，最后画出头饰与服饰。

问题的解决：在第一节课中，学生对皮影不了解，教师课后查找资料、详细准备，在第二节课中让学生发现了皮影的特点，并让学生用绘画的形式来临摹皮影形象，初步感知皮影的特点。

创作——皮影具

幕布准备，灯光准备。教师演绎一个简单的皮影戏，激起学生的兴趣。

师：同学们，刚才老师的表演怎么样？谁来点评一下？

生 1：太精彩了，表演很精彩。

师：你们想不想让自己的皮影形象动起来呢？今天我们就来学习制作一个能动起来的皮影。

教师出示场景视频让学生欣赏。

师：你们知道这样有趣的、会动的皮影人物是怎样做出来的吗？看过视频后，谁来告诉老师你观察到了什么？

生2：我从里面了解到皮影形象的制作有画轮廓、画纹样、涂色、剪制等步骤。

师：真棒！我们完成这个步骤后，要怎样做才能将这些零散的部分拼接起来呢？拿出课前给你们的导学单来看看。

做皮影学习单1：

1. 怎样打孔？打孔的位置在什么地方合适？

2. 每个部分的连接是按什么样的顺序？

3. 每个部位需要打多少个孔？

做皮影学习单2：

1. 操纵杆的选择。

2. 操纵杆的连接。

3. 操纵杆的使用。

作业要求：

1. 打孔用按扣连接皮影，注意各部位的位置和安装顺序。

2. 安装操纵杆，注意孔的位置和大小。

总结：汲取之前的教训，为了让学生更好地了解皮影人物的制作，教师准备了两份学习单用于学生课前了解知识。最终，学生制作出了动起来的皮影，为下节课唱皮影戏打下了基础。

演唱——皮影戏

学会了皮影的制作后，教师让学生以大闹天宫中的某个片段为题，制作了几个人物形象。

师：我们已经制作了会动的皮影，接下来就是最难的部分了——演唱皮影戏。大家有没有信心完成这一艰巨的任务？

生：有信心。

大家一起挑选人物、设计剧本、解决音乐问题。最终确定演绎孙悟空、赤脚大仙、七仙女，两位场务负责场景的切换，一位旁白。经过一个月的练习，我们的首次皮影表演圆满成功。

师：同学们，我们的表演成功了，你有什么体会呢？

生：老师，我觉得古时候的民间艺人太厉害了。同时，我也感受到了皮影的魅力。

总结：最后的皮影戏表演，重点在于剧本的撰写和人物的演绎，在这个过程中教师寻找了语文老师、音乐老师的帮助，最终完成了首次表演。表演给孩子带来了成功的喜悦，让学生对古人的生活乐趣有了一定的了解。

案例反思

“学、绘、做、唱”四个环节步步紧凑，如同四大核心素养相辅相成、互相促进，学生在学、绘、做、唱中，一步步完成对皮影的认识、绘制、制作，感知皮影戏的文化底蕴，将这门古老的戏剧艺术传承了下来。一名美术教师要牢记自己的使命，在美术教学中要以优秀的传统文化作为主体，为学生形成正确的价值观做好服务。

（执笔：笪彦祺）

七、实践反思

（一）多种途径为学生搭建课堂与生活之间的桥梁

艺术并不是遥不可及的空中楼阁，艺术创造与生活息息相关，是热爱生活、改造生活的基础。在《各式各样的椅子》案例中，教师以常见的椅子为切入点，了解学生对学校功能室的椅子的感受，学生认为那些椅子都是基础款，样式单一，不能体现学科特色……进而教师引导学生为学校的专用教室设计一批具有学科特色、造型别致的椅子。学校的功能室为学生而设置，为学生所使用，所以学生对于功能室的座椅最有发言权，这些是利用学生的直接经验进行美术学习。对于学生没有接触过的事物，教师要创设条件让学生去了解，在《新画布　新衣服》案例中，教师从一场时装秀的短视频导入，引导学生关注衣服中的花纹色彩，然后鼓励学生在生活中寻找花布，通过观察、对比发现花布的线条、形状和色彩之美。教师也通过分层教学逐步带领学生拓宽知识范围，提升认知，用设计改善生活，理解“艺术来源于生活，又高于生活”的意义。

一节好的美术课不能止步于课堂，还应在课堂之外有生命力。教师要多给学生创设与自然亲近的机会，大自然的美无可复制，要让学生在大自然中找到本真的美，自然是最生动的美育课。在案例《春天的色彩》中，教师因地制宜，将学生带出教室，在校园中寻找春天。校园是学生熟悉的场所，通过教师的引导，学生能够用心去留意、观察校园中树木花草的样态与色彩变化。所以，与其在教室中看远山大川，不如就地取材，让学生发现熟悉的环境中微观世界的变化，这样的美更接地气。

（二）注重美术与多学科、多领域的融合

创意是对生活智慧的提炼，美术课绝不能仅仅局限于本学科狭隘的学习模式，这样会让美术变得孤立而没有张力，美术与多学科、多领域的融合，也体现了美育无处不在。教师教的学科可能是单一的，但是学生受的教育是全方位的，所以将学生的认知与经验结合更合理。在《各式各样的椅子》案例中，教师在引导学生设计功能室椅子的时候，音乐组采用变形法用乐器来设计椅子，即将吉他的面板弯曲，形成了座面和椅背；科学组采用变形法，用显微镜的载物台面镜柱和镜座当椅腿，将弯曲的镜壁向后舒展，形成椅背；体育组用替代法，用羽毛球替换椅腿，球拍替换椅背。教师要打破学科界限，根据不同学科的特点，深度挖掘生活中可利用的素材来发展学生的想象力和创造力。《新花布　新衣服》案例中，作业要求学生和家人一起体验剪裁、穿针、缝钉等小技巧，共同制作一件新衣服，让孩子体验动手的乐趣，这是将劳动技术课程与美术融合。学习民间艺术必然要了解民俗文化，如虎头帽中老虎的形象所代表的美好寓意和其中的许多花纹特点，皮影戏及年画的地方特色、意义，传统艺人制作的过程等。教师带领学生品鉴民间艺术特色，从而让学生懂得尊重艺术的多样化，使学生明白中华文明经历千年沉淀，才形成了富有地方特色的文化。

（三）评价的多样性

在美术课堂中，教师要重视创新灵感，对学生的作品，要多赞赏、鼓励。小学生的造型能力还不强，小学阶段的学生以想象力见长，丰富的想象力是难能可贵的创作源泉。《义务教育艺术课程标准（2022 年版）》指出，要关注学生真实发生的进步，捕捉、欣赏、尊重学生创意独特的表现，并予以鼓励，不断加深学生的艺术体验。在美术课堂教学中，有一些表现技法是无法操作，如《新花布　新衣服》案例中，其实孩子们都知道花布是由一根根的线编织而成，一件漂亮的衣服需要经历很多步骤才能完成，为了让学生更完整地体验衣服的制作过程，老师在拓展环节中，加入了一项小练习，即和家人共同制作一件新衣服，体验剪裁、穿针、缝钉等工序。这项作业设计使美术从课堂走向生活，教师在评价环节中不过度评价学生作品的完整性、精美度，而是让学生分享设计制作的“小心思”。这增进了亲子关系且锻炼了学生的表达能力。

（四）在生活中实践课堂所学，让艺术回归生活

中华文明生生不息，民间艺术有独特的魅力，但因种种原因，民间艺术逐渐消亡。引领学生传承优秀传统艺术是美术教育工作者的使命与担当。民间艺术的材料的特殊性往往限制了课堂创作，因而，在课堂中，民间艺术容易停留在欣赏层面，这要求教师能够用智慧去解决，让学生动手体验民间艺术制作。在《皮影戏》案例中，教师可以用透明胶片替代驴皮，用生活中常见的一次性筷子或吸管替代操纵杆……让学生体会皮影制作的过程及演皮影戏的乐趣。用生活中常见的材料制作艺术品，让老古董焕然一新。在《木版年画》案例中，教师可以用质地相对较软的橡皮板替

代木板，用现代生活中的材料制作套色年画，并且让学生将成品送给亲人、朋友，这让民间艺术得到了很好的宣扬。

美术是一门艺术性课程，具有艺术性、实践性、生活性等特点。这些特点决定了美术必然与生活结合。教师要引导学生懂得欣赏生活中的美，在熟悉的事物中去学习美术，丰富视觉领域，懂得艺术的来处与去处；教师要引导学生从生活中提炼艺术、加工艺术，生活是美术学习的源泉，教师要把学生从课内引向生活，让学生体会美术的价值与意义，使学生把美术当作生活的必需品来学习，多为学生提供欣赏名作的机会，带领学生参观展览，提升学生的审美素养；教师要引导学生了解不同文化背景的艺术，增强学生跨文化理解的能力，尊重多元文化。教师要引导学生将理论与实践相结合，树立良好的价值观，追求真善美，启发学生表现生活，积极利用自身所学，在生活中自由大胆地创造美。

随着时代的发展，美育越来越受重视。教师要培养学生创造现实美和艺术美，培养学生在广泛的情境中发现美的灵敏性，唤醒学生对生活的体验，组织学生参加各种艺术实践活动，按照美的法则建设生活，养成美化环境以及改造生活的能力和习惯。艺术来自生活，高于生活，既然艺术从生活中来，也当更好地回归、服务生活。

（执笔：高贤）

参考文献

[1] 程功群.陶行知的美育思想、实践及现实启示[J].南京晓庄学院学报，2021(03).

[2] JAMES ENNS. The thinking eye and the seeing brain：explorations in visual cognition[M].Washington：WW Norton&Co, 2004.

[3] 李月.爱国主义教育融入小学美术教育的研究[J].名师在线，2020(34).

[4] 扬·阿斯曼.文化记忆：早期高级文化中的文字、回忆和政治身份[M].金寿福，黄晓晨，译.北京：北京大学出版社，2015.

[5] 王佳.小学美术课堂中渗透爱国主义教育的研究[J].小学教学研究，2020(20).

[6] 中华人民共和国教育部.义务教育艺术课程标准（2022年版）[S].北京：北京师范大学出版社，2022.

[7] 陈娟.浅谈小学美术教学中的传统美德[J].读与写，2016(06).

[8] 储艳红.美术教学与传统美德教育[C]// 中国教育教学丛书编委会.基础教育理论研究论文精选（上卷一）.北京：人民交通出版社，2004.

[9] 周小龙.浅谈“美术育美德”在青少年阶段教育中的重要性[J].美术教育研究，2015(14).

[10] 吕熙安.论中国龙源于恐龙[J].学术探索，2003(12).

[11] 黄乐清，唐鹰，童潜明，等.株洲天元白垩纪含化石层地质记录及恐龙死亡、埋藏过程初探[J].中国地质，2018(05).

[12] 尹少淳，段鹏.新版课程标准解析与教学指导[M].北京：北京师范大学出版社，2012.

[13] 中国教育科学研究院课程与教学研究所课题组，郝志军，杨清，等 . 中小学跨学科课程融合的问题与对策 [J]. 课程 . 教材 . 教法 , 2022（10）.

[14] 吴蔚 . 基于核心素养的校内外美术课程整合——以“假如我有一双翅膀”系列课程为例 [J]. 中国中小学美术 , 2022（02）.

[15] 杨亚平 . 整合性 STEM 教育理念下工程类高职数学教学模式的建构 [D]. 上海：华东师范大学 , 2016.

[16] 杨彦军，饶菲菲 . 跨学科整合型 STEM 课程开发案例研究及启示——以美国火星教育项目 STEM 课程为例 [J]. 电化教育研究 , 2019（02）.

[17] 张铭凯，靳玉乐 . 基于核心素养的课程创新动因、本质与路向 [J]. 中国教育学刊 , 2016（05）.

[18] 托尼・巴赞 . 思维导图：发散思维 [M]. 李斯，译 . 北京：作家出版社 , 1998.

[19] 高志波，田秀莉 . 小学生发散思维培养漫谈 [J]. 中华少年 , 2015（30）.

[20] 钱初熹 . 以美术教育构建面向 21 世纪的创造力 [J]. 艺术百家 , 2010（03）.

[21] 宋桂花 . 谈泥塑教学校本课程开发策略 [J]. 中学教学参考 , 2016（24）.

[22] 陈旦 . 我认识了新材料——小学黏土教学的实践探索之一 [J]. 新课程导学 , 2017（08）.

[23] 黑格尔 . 小逻辑 [M]. 贺麟，译 . 北京：商务印书馆 , 1980.

[24] 覃娟凤 . 浅谈小学美术欣赏教学中的思考 [J]. 小学教学参考，2010（05）.

[25] 周峰 . 简论劳动与技术教育的美育功能——兼论劳技教育的定位问题 [J]. 中国教育学刊，2002（04）.

[26] 王传蒙 . 论微课在小学美术教学中的优势及应用策略 [J]. 学周刊 , 2017（14）.

[27] 李阳 . 小学美术教学中网络微课资源应用探究 [J]. 中国教育技术装备 , 2016（21）.

[28] 包新萍 . 放飞孩子想象的翅膀——浅谈幼儿想象力的发展 [J]. 科学大众：科学教育 , 2015(05).

[29] 许咏 . 生活和教育密不可分 [J]. 小学科学：教师 , 2016(05).

[30] 成尚荣 . 教学改革与儿童研究 [J]. 基础教育课程 , 2010(04).

[31] 顾雨辰 . 基于陶行知生活教育视角下的小学美术教学策略探微 [J]. 小学生 , 2020（03）.

[32] 武昊彤 . 扎根生活土壤 绽放教育之花——小学美术课程生活化教学的探索研究 [J]. 科学大众（科学教育）, 2019（11）.

[33] 莫凯华. 浅谈小学美术教学中学生创新思维的培养 [J]. 教育观察, 2017(12).
[34] 沈烨华. 体悟蓝白之美 走进雅趣课堂——《蓝印花布》教学案例 [J]. 中学课程辅导(江苏教师), 2014(11).

后 记

《义务教育艺术课程标准（2022年版）》的落地意味着艺术学科教学标准出新、理念出新，社会对艺术教育有了崭新的期待，教师的观念需要随之更新，教学的方法和路径也要不断更新。

《义务教育艺术课程标准（2022年版）》要求一线艺术学科教师们进一步强化学科综合意识、素养育人意识、任务驱动意识、实践活动意识、学业评价意识，进一步加深对新课标的认知及对新理念的认同，提升课标的转化能力。义务教育阶段的小学美术教师，如何通过课堂教学实现从"尝试实践"到"总结提升"的进阶，最终有效实现"学科有机融合、学段无痕衔接，聚焦核心素养，实现以美育人"的目的，不负党和人民对义务教育阶段美育工作的全新期待，是我们应该重视的。老师们以课堂为阵地，以课例为对象，在学习中感悟，在感悟中践行，在践行中反思，在反思中总结，在总结中凝练，最终实现了践行初心使命和履行教育任务的双向奔赴。

恰逢中国陶行知研究会"生活·实践"专业委员会"十四五"重大攻关课题"义务教育新课标的理论与实践研究"立项以及研究工作的不断推进，我们将课标学习、研究、实践的心得体会凝练成文，以课例为依托，紧紧围绕"如何践行以美育人""如何实施文化理解""如何提升造型和设计能力”“如何弘扬传统工艺”“如何实现学科融合”“如何丰富生活体验”六个突出问题进行阐释分析，希望给更多的学科同行以参考和借鉴。

研究和撰写的过程有摸索探路的迷茫，也有不断明晰和领悟的豁朗。接到任务，张屹、张静两位主编在不到一个月的时间里先后召开三次线上专题会议、两次线下会议，邀请南京市教科所、南京市教研室、江宁区教科室等单位的领导参会，全面广泛地听取各方面的意见和建议，积极学习其他学科的有效做法。从撰写方向到具体人员，从撰写分工到完成时间，从文体形式到章节主题，他们进行了一次次商讨、对接、修改，随着研究和商讨的不断推进，全体编撰人员的思路一步步清晰、目标一步步明确、成效一步步提升，为本书的如期出版奠定了坚实的基础。

研究和撰写的过程有奋力爬坡的艰辛，也有收获和成长的喜悦。本书所有编撰人员克服了既要坚守课堂又要开展研究的困难，定期围绕研究主题开展集体备课、课堂观察、课后反思等活动，为本书的编撰提供了丰富的素材。为了最大限度地将学习、实践、研究成果有效分享给更多学科同行，张屹、张静、李玉亮、赵秋菊、祁婷婷、高贤六位同志一次次组织相关成员进行课例内容、课例表达、课例反思、课例成果的选择与凝练，一稿又一稿围绕相应的主题进行语言文字的斟酌与优化。本书的编撰得到了众多专家和同行的帮助、鼓励与支持，这是我们最为宝贵的收获，更是所有同仁勇往直前的不竭动力。

研究和撰写的过程有困惑未破的踌躇，也有不断得到扶持与帮助的幸福。一路走来，无数幸福与感动的时刻温暖着我们前行的征程。回首过往，是满满的感恩和感激：南京市教科所朱小琥书记对本书编撰工作给予的关注、支持与鼓励让我们充满不断前行的勇气和动力；感谢南京市教科所刘大伟所长和洪超主任在研究工作上给予我们的专业指导和引领，为我们的探索指明方向；感谢南京市教研室祖金明、徐健两位教研员从学科角度出发，对我们进行悉心指导与帮助；感谢江宁区张屹美术学科名师工作室、江苏省张静网络名师工作室全体成员的积极参与、包容与支持，使我们学习研究的历程不断有智慧的火花呈现……

在此，一并表示衷心的感谢！

张静

2023 年 5 月 28 日